ALBERTO GUERRA

BLACK FRIDAY NO BRASIL

Conheça e se prepare melhor para a ação comercial que mais cresce no país

EDITORA
Labrador

Copyright © 2019 de Alberto Guerra
Todos os direitos desta edição reservados à Editora Labrador.

Coordenação editorial
Erika Nakahata

Projeto gráfico, diagramação e capa
Felipe Rosa

Preparação de texto
Fausto Barreira Filho

Revisão
Marina Saraiva

Dados Internacionais de Catalogação na Publicação (CIP)
Angélica Ilacqua – CRB-8/7057

Guerra, Alberto
  Black Friday no Brasil : conheça e se prepare melhor para a ação comercial que mais cresce no país / Alberto Guerra. – São Paulo : Labrador, 2019.
  128 p.

ISBN: 978-65-5044-015-2

1. Vendas 2. Varejo 3. Negócios 4. Economia I. Título

19-1917   CDD 658.87

Índice para catálogo sistemático:
1. Vendas - Comércio varejista

Editora Labrador
Diretor editorial: Daniel Pinsky
Rua Dr. José Elias, 520 – Alto da Lapa
05083-030 – São Paulo – SP
+55 (11) 3641-7446
contato@editoralabrador.com.br
www.editoralabrador.com.br
facebook.com/editoralabrador
instagram.com/editoralabrador

A reprodução de qualquer parte desta obra é ilegal e configura uma apropriação indevida dos direitos intelectuais e patrimoniais do autor.

A Editora não é responsável pelo conteúdo deste livro.
O Autor conhece os fatos narrados, pelos quais é responsável, assim como se responsabiliza pelos juízos emitidos.

SUMÁRIO

AGRADECIMENTOS 7
UMA MENÇÃO ESPECIAL AOS APOIADORES DESTE LIVRO 9
PREFÁCIO 11
APRESENTAÇÃO 13
UM OLHAR DE LUPA NA BLACK FRIDAY BRASILEIRA 15

1. INTRODUÇÃO 17
2. CONTEXTUALIZAÇÃO DA BLACK FRIDAY NO VAREJO BRASILEIRO 28
3. ORIGEM DA BLACK FRIDAY NOS ESTADOS UNIDOS 33
4. ORIGEM DA BLACK FRIDAY NO BRASIL 36
5. BLACK FRIDAY OU "BLACK FRAUDE"? 43
6. O NOVO CALENDÁRIO PROMOCIONAL DO VAREJO BRASILEIRO 48
7. ANÁLISE DO COMPOSTO DE MARKETING APLICADO AO VAREJO 51
8. PROMOÇÃO DE VENDAS 55
9. PLANEJANDO UMA AÇÃO DE PROMOÇÃO DE VENDA OU LIQUIDAÇÃO 58
10. PRINCIPAIS FERRAMENTAS DE PROMOÇÃO DE VENDAS 61
11. DESCONTOS EM UM CURTO PERÍODO 63
12. ESTRATÉGIA DE PRECIFICAÇÃO NA BF 68
13. PLANEJAMENTO DE COMPRAS E PREVISÃO DE VENDAS NA BF 71
14. A BLACK FRIDAY, AFINAL, GERA VALOR PARA AS EMPRESAS E OS ACIONISTAS? ... 73
15. COMO É A BF PARA O VAREJISTA BRASILEIRO 78
16. PRINCIPAIS NOTÍCIAS NA MÍDIA E ARTIGOS ACADÊMICOS 89
17. O QUE PENSAM OS CONSUMIDORES SOBRE A BLACK FRIDAY NO BRASIL 92
18. O QUE EU VI COMO PESQUISADOR E VAREJISTA DAS ÚLTIMAS
TRÊS EDIÇÕES DA BLACK FRIDAY 105
19. DICAS PARA OS VAREJISTAS PREPARAREM A SUA BLACK FRIDAY 110
20. O QUE SE PODE ESPERAR DAS PRÓXIMAS EDIÇÕES DA BLACK FRIDAY 117

BIBLIOGRAFIA 123

AGRADECIMENTOS

Agradeço e dedico este livro, em primeiro lugar, a Deus, por me conceder paciência, boas amizades, saúde e inteligência, permitindo que esta obra fosse elaborada. Tenho muitas pessoas a quem dedicá-la e a quem agradecer, desde o início de minha carreira no varejo, passando pelo mestrado e pelo ingresso na carreira acadêmica, e chegando ao doutorado. Entre elas, agradeço a todos os colegas de trabalho da Fnac do Brasil, uma grande escola em minha vida profissional, desde os líderes até os integrantes das minhas equipes. Agradeço também a meus parceiros de artigos, colegas e professores da FIA e da USP, que me apoiaram e me incentivaram a pesquisar sobre o tema e sempre compartilham comigo informações, materiais de estudo e notícias relevantes sobre a Black Friday. Dedico, em especial, um agradecimento à querida orientadora Dra. Flávia Angeli Ghisi Nielsen, que se empenhou incansavelmente em me orientar, transmitiu-me muita confiança, incentivou-me e inspirou-me demais na época do mestrado — e inspira até hoje.

Agradeço também a meu atual orientador no doutorado da USP, Dr. Nuno Fouto, que me deu a oportunidade de aprofundar meus estudos sobre a Black Friday, transmitindo-me a confiança e a coragem necessárias para que eu seguisse nesse empreendimento. Um agradecimento, também, ao Dr. Claudio Felisoni, professor na USP e presidente do IBEVAR, que proporcionou minha primeira publicação de um capítulo de livro de varejo sobre a Black Friday, em 2016, pela editora Saint Paul, em parceria com minha orientadora, Flávia Ghisi. Uma menção especial aos professores doutores David Lobato e Moises Spritzer, da FGV, que me incentivaram a entrar no meio acadêmico como professor, ainda em 2014, sendo o ponto de partida para a busca de meu aperfeiçoamento intelectual.

Não posso me esquecer de mencionar todos os varejistas e amigos consumidores que contribuíram com ideias, *insights* e tempo para responder às pesquisas que compõem boa parte deste livro.

Por último, e mais importante, agradeço à minha família, que pacientemente, ao longo destes anos, me transmitiu amor, carinho, confiança e apoio em todos os momentos, muitas vezes abstendo-se de estar em minha companhia devido ao nível de dedicação que foi preciso imprimir durante esta jornada.

UMA MENÇÃO ESPECIAL AOS APOIADORES DESTE LIVRO

Em uma sala de aula, em uma palestra ou liderando uma equipe ou um projeto, muitas vezes nossos olhos procuram brilho nos olhos de outras pessoas. Algumas vezes esse brilho vem de interlocutores próximos e, em outras, surge daqueles mais distantes. Encontrar olhos que acreditam no que falamos e escrevemos é algo que nos encoraja a seguir em frente e nos dá a responsabilidade de buscar ser cada vez melhor.

Este livro existe porque algumas pessoas apoiaram e acreditaram muito nessa possibilidade, e por isso faço uma menção especial de agradecimento a elas:

Barcellos Tucunduva Advogados (em especial, ao sócio e meu amigo Giancarlo Melito)

Francisco Antonio Rodrigues Filho

Eugênio Renato Lovato

Tatiana Arenhart Zaleski

Fernando Sant' Ana

Marcos Michel Ludovici

Fernando Carvalho da Costa

Lisiane Szeckir Batista da Silva

João Luís de Medeiros

Roberta Mattos

Philippe Darricarrere

Denise Gasparetto

Cristiane de Paula Bueno

Wagner Soares

Ivan Battesini

Jaqueline Schimidt

Ricardo Mituti

Tarso de Souza Ramalho

Rafael de Albuquerque Ribeiro Brion Suarez

PREFÁCIO

É comum dizer: "Na prática, a teoria é outra". Em uma roda, quando alguém diz isso, as pessoas tendem a concordar. A afirmação encerra um paradoxo. Pode ser verdadeira ou falsa, dependendo de como é interpretada.

Como pode ser considerada verdadeira? Na prática, de fato, a teoria é diferente. A teoria não encerra todos os elementos da realidade. Se assim fosse, a teoria se confundiria com a realidade e seria tão complexa quanto ela. Nesse caso, a teoria seria inútil.

Suponha que desejássemos chegar a um destino sem o sinal de GPS. Nessa situação, um mapa seria muito útil. O mapa daria conta de tudo que existe no percurso? Claro que não. Suponha que, por absurdo, desse conta. Consultá-lo seria tão difícil que ele se tornaria inútil.

Mas, se o mapa — que é uma representação simplificada da realidade — cumprir a função, terá sua validade atestada. O mapa não descreve o percurso todo, mas ajuda no deslocamento de um ponto para outro. Portanto, como o mapa é diferente do caminho, a frase "Na prática, a teoria é outra" é verdadeira.

Entretanto, se a leitura da frase for feita no sentido de desqualificar o esforço teórico, ela é completamente falsa. Pode acontecer de uma teoria não ser boa para explicar determinada realidade. Quando isso acontece, outra teoria precisa ser formulada. Se o mapa não é bom, não conduzirá ao destino correto, e é preciso fazer outro mapa.

Digo isso porque é meritório o esforço do autor em transformar suas reflexões acadêmicas em um livro para amplo acesso do público. Juntou teoria e prática. Boa parte das vezes, as dissertações de mestrado e as teses de doutorado lotam as bibliotecas das universidades e lá permanecem por décadas, repousando esquecidas nas prateleiras empoeiradas.

O tema é instigante. Todos sabem que o varejo é uma atividade sazonal: Natal, Dia das Mães, Dia dos Pais etc. A Black Friday acrescentou uma data importante ao calendário promocional. O comportamento das empresas comerciais e dos consumidores vem sendo fortemente impactado pela introdução desse novo evento.

É disso que trata o livro. O autor aborda de forma ampla o assunto. Traça um panorama histórico e responde a perguntas que todos fazem: é uma fraude? Traz valor para as empresas varejistas? Como o consumidor percebe tal promoção varejista? Quais as providências a serem tomadas pelas empresas para se prepararem para o evento?

Atualmente, diversos pesquisadores têm estudado essa ação promocional. Trabalhos dessa natureza são interessantes para as empresas não apenas na definição de suas estratégias, mas também, e talvez principalmente, pelo que revelam ou sugerem relativamente ao comportamento dos consumidores.

Claudio Felisoni de Angelo
Professor titular da Universidade de São Paulo (USP) e presidente do Conselho do Instituto Brasileiro de Executivos de Varejo & Mercado de Consumo (IBEVAR – PROVAR/FIA)

APRESENTAÇÃO

Em 2013, conheci Alberto Guerra quando cursava o MBA em Gestão Empresarial na FGV, em Porto Alegre, onde sou o coordenador acadêmico e professor. Logo identifiquei uma pessoa muito culta e batalhadora e percebi um ótimo talento, desenvolvido ao longo de seus 20 anos de atuação na área de varejo. Alberto se formou na FGV com um excelente desempenho no curso.

Durante nosso contato, notei que ele poderia ser um potencial professor para os quadros de MBA da FGV. E, após grande preparo de sua parte, minha visão foi transformada em ação. Hoje, tenho a honra de trabalhar com o professor Alberto Guerra, considerado um dos melhores docentes do MBA da FGV, atuando na disciplina de Plano de Negócios.

Nesta obra, destaco a forma didática e atraente com que o professor Alberto Guerra, um especialista de varejo, nos convida a refletir sobre a Black Friday e nos mostra como essa eficiente ação promocional pode alavancar os resultados nos negócios varejistas. Acho muito importante a leitura a todos que têm interesse em aprofundar o conhecimento em gestão empresarial.

David Menezes Lobato
Doutor em Engenharia de Produção e ph.D. em Administração de Negócios, professor e coordenador acadêmico da Fundação Getulio Vargas (FGV)

UM OLHAR DE LUPA NA BLACK FRIDAY BRASILEIRA

Tenho uma satisfação dupla em escrever um depoimento para este livro de Alberto Guerra, meu amigo e colega da FGV. A primeira é por saber — cônscio que sou das habilidades do autor — que o varejo brasileiro ganha um alentado estudo. A segunda é mais egoísta: terei agora uma obra de qualidade assegurada sobre comércio digital para colocar na bibliografia dos meus alunos da FGV Law.

Dispomos de uma oferta ampla de livros norte-americanos sobre o assunto. Afinal, são eles praticamente os pais do varejo e do comércio on-line como hoje conhecemos. Todavia, as particularidades brasileiras são evidentes e necessitam de atenção adequada. Não podemos nunca esquecer que os gringos jogam futebol com as mãos e nós, com os pés.

Se fosse uma mensagem de texto, poderia ter acrescentado um "kkk" no final da frase acima. Não é o caso. As diferenças do mercado brasileiro para o mercado internacional às vezes são tão grandes quanto trocar os pés pelas mãos. Quem poderia dizer que o boleto bancário de aceitação nacional só existe no Brasil? Ou que inexiste na rede bancária da Europa até hoje algo como a Transferência Eletrônica Disponível (TED), que permite depósitos em tempo real?

Ao importarmos a ideia dos descontos generalizados do feriado de Ação de Graças dos Estados Unidos, portanto, deveríamos saber de antemão que seria uma prática a ser "tropicalizada". Alberto Guerra, com uma paixão declarada pelo varejo, dedicou-se a entender essas especificidades da Black Friday brasileira, bem como seus desafios e oportunidades.

A Black Friday no Brasil vai completar dez anos de vida em 2019. À parte críticas e descréditos, a ação cresce a cada edição, com mais vendas, faturamento e lojas participantes. Já é um período comercial quase tão relevante quanto o Natal. Assim, não poderia ser mais oportuna a publicação deste livro de Alberto neste momento. Uma situação em que o país precisa reencontrar os rumos do desenvolvimento sustentável. Sem um varejo pujante, isso será simplesmente impossível.

Giancarllo Melito
Sócio do BTLAW e professor da FGV Law

1. INTRODUÇÃO:
de onde vem a motivação para estudar a Black Friday

1.1 Como me apaixonei pelo varejo

Minha história no varejo começou com 9 anos de idade. Filho de um comerciante português, dentro de casa sempre se falava de negócios. Meu pai, Valentim, e meu irmão Fernando, 13 anos mais velho que eu, trabalhavam juntos nas lojas de discos da família, uma história que tinha começado no final dos anos 1950, quando meu pai, então com menos de 20 anos, imigrou de Portugal para o Brasil e trabalhou com os seus irmãos, também imigrantes e desbravadores, na rádio Carlos Gomes, loja de discos no centro de São Paulo, esquina da Avenida Ipiranga com a Cásper Líbero. Anos mais tarde, os três irmãos montaram uma rede de lojas de discos e no final dos anos 1970 se separaram, e cada um acabou seguindo seu caminho. Meu pai ficou com as lojas do bairro de Santo Amaro, em São Paulo.

Meu primeiro trabalho foi vendendo chicletes na rua. Eu tinha 9 anos, e alguns meninos mais velhos da rua em que morava me recrutaram e me pagavam uma comissão sobre cada chiclete vendido. Naquela época não existiam restrições de crianças fazerem tarefas ou trabalhos para ajudar em casa. Na verdade, muitas crianças, como meu pai e meus tios, tiveram que trabalhar desde cedo para ajudar no sustento da casa, mas não era meu caso: fui vender chicletes por minha própria vontade, e não por necessidade. Hoje o mundo mudou e temos que respeitar o momento e o contexto de cada geração. A sensação de ganhar algum dinheiro era tão sedutora que me deixava extasiado! Fiz isso por algum tempo, o que me serviu como aprendizado de vida e enriqueceu minhas técnicas para abordar os clientes e concretizar as vendas, assunto que aprendi e reaprendi ao longo de toda a minha vida.

Alguns meses antes do meu aniversário de 10 anos, meu pai me perguntou o que eu gostaria de ganhar de presente. Eu convivia com ele e meu irmão sempre falando de negócios e das lojas — e aquele ambiente também me impulsionaria para ter meu próprio negócio —, então pedi a ele dinheiro para comprar umas caixas de chicletes em um desses atacados de doces, que já existiam naquela época. Para não criar atrito com meus antigos empregadores, meus amigos mais velhos da rua, abri o meu negócio em outra praça, na cidade de Praia Grande, onde tínhamos um apartamento de veraneio e onde eu e minha mãe costumávamos ficar durante as minhas férias escolares no verão. Então montei meu primeiro negócio. Que delícia que é ganhar o próprio dinheiro! Quando terminaram as férias, eu tinha dinheiro suficiente para comprar um Master System, *videogame* da época que toda criança queria ter. Foi meu primeiro produto consumido com meu próprio dinheiro.

Já fazia planos para as próximas férias de verão quando meu pai, percebendo a minha empolgação e potencial de comerciante (mas sem esquecer que eu ainda era uma criança e tinha que aproveitar essa etapa da vida, curtir minhas férias, brincar, jogar bola, nadar, enfim, tudo o que ele não pôde fazer na sua infância pobre em Portugal), propôs que eu trabalhasse com ele no mês de dezembro nas lojas de discos em vez de vender chicletes durante as minhas férias. Ele pagava um valor razoável por dia trabalhado, mais do que eu ganharia com os chicletes, e ainda poderia almoçar com ele na rua todos os dias. Era uma proposta irrecusável! Foi então que a minha paixão pelo comércio cresceu, ano após ano.

Minha irmã, Angélica, 17 anos mais velha que eu, era a única na família que tinha estudado. Ela lecionava na rede municipal de ensino e tinha uma visão de futuro mais apurada do que o restante da família, já que meu irmão Fernando, minha mãe e meu pai nem sequer haviam terminado o ensino médio. Então, quando eu tinha 14 anos, ela buscou me dar alguma direção de vida e de carreira.

Acho que minha irmã não queria que eu tivesse apenas uma opção na vida, como foi com o restante da família: ela queria me dar condições de escolher meu próprio futuro. Foi então que ela me apresentou os cursos técnicos, e eu prestei o "vestibulinho" da Escola Técnica Estadual de São Paulo (Etesp), iniciando o ensino médio e profissionalizante de Técnico em Eletrônica no ano de 1994.

Eu gostava de lá. Aprendi muitas coisas legais, aprimorei meu raciocínio lógico estudando intensamente Física e Matemática, fiz grandes amigos, desenvolvi autonomia e responsabilidade. Eu ia de metrô para a escola e lá ficava o dia todo. Nós tínhamos aulas de manhã e à tarde. Estudávamos dentro de uma faculdade, a Fatec, e ninguém controlava nossos horários. Se quiséssemos cabular aula, era muito fácil, mas, por outro lado, cada aula perdida poderia prejudicar muito as nossas notas; havia bastante conteúdo e tínhamos que estudar com afinco. Todos os meus colegas que seguiram a profissão se deram bem na vida.

No terceiro e último ano, o aluno deveria fazer um estágio em uma empresa, e as aulas eram à noite, estilo "faculdade" mesmo. O estágio era em uma empresa de inaladores ultrassônicos. Eu ganhava quinhentos reais mensais de bolsa e aprendi, na prática, com tarefas concretas, tudo sobre a profissão que iria seguir. Naquela época um dos meus trabalhos era desenhar e construir placas de circuitos integrados, na unha mesmo, e eu não tinha muitas habilidades manuais — cansei de explodir capacitores no laboratório de testes devido às minhas placas malfeitas. Hoje é até engraçado falar, mas na época me sentia bem aborrecido, pois adorava fazer os cálculos, escrever os projetos, mas, na hora de montar, o resultado era uma porcaria.

Foi então que, no último semestre do terceiro ano, tive uma disciplina chamada Organizações e Sistemas (acho que era isso). Essa disciplina abordava uma pequena introdução de teoria geral de administração de empresas, e meu coração voltou a bater forte. Minha paixão pelo comércio e pelos negócios floresceu outra vez. Poucos meses depois, meu irmão, que então estava no comando das lojas, uma vez que meu pai tivera um problema de saúde, me chamou para trabalhar com ele permanentemente, não só no mês de dezembro. Nessa época, eu já havia decidido prestar o vestibular para Administração de Empresas.

Terminei o curso nos anos 2000. Como muitos brasileiros na minha idade, acordava às seis horas da manhã e ia dormir depois da meia-noite, conciliando trabalho e estudos. Dei duro com meu irmão por sete anos ou mais, até ele infelizmente falecer em um acidente de carro. Trabalhar com meu irmão foi um enorme aprendizado, ele tinha um grande ímpeto e muita coragem, e o que lhe faltava de estudo (uma vez que abandonara a escola ainda no ensino fundamental) sobrava em astúcia e ousadia. Ele sempre estava endividado, mas não desistia nunca; tinha uma força de vontade e uma confiança que nunca vi em ninguém mais. Depois que meu irmão faleceu, meu pai me ajudou a tocar as lojas por mais algum tempo, mas já não fazia sentido sem meu irmão, que era a cara e a alma daquele negócio. Passei algum tempo no ramo dos discos, em uma das lojas que eram, na época, propriedade do meu pai. Depois, abri um selo de *blues* e uma loja de instrumentos musicais e acessórios de som e TV em outro bairro, mas, apesar da boa experiência de vida que me deram, não prosperaram muito.

Todo esse período de aprendizado foi uma grande escola que ajudou muito em minha formação profissional. Essa bagagem possibilitou que eu participasse de um processo seletivo em uma empresa cliente do meu selo de *blues*. Tratava-se de uma fantástica loja varejista francesa chamada Fnac. Fui selecionado e lá trabalhei por 11 felizes anos. Fiz muitos amigos dentro e fora da empresa, aprendi demais, conheci grandes líderes e evoluí como profissional e como pessoa. Fui encorajado pelos meus líderes a me aprofundar nos estudos em negócios e varejo nas escolas pelas quais passei — Business School São Paulo (BSP), Fundação Getulio Vargas (FGV) e Fundação Instituto de Administração (FIA). Por meio desses estudos com grandes mestres, tive a oportunidade de descobrir outra vocação: a de professor. Despertado o interesse pelos professores Moises Spritzer e David Lobato, iniciei, em 2014, paralelamente ao varejo, a carreira de professor na FGV, uma das mais respeitadas escolas de negócios do país.

1.2 Minha aventura com a Black Friday

Depois de lecionar por algum tempo na FGV e registrar um expressivo crescimento em minha carreira no varejo, percebi que outra etapa precisaria ser realizada para que me tornasse um professor e um profissional mais completo. Em 2014, após uma mudança da empresa em que trabalhava de Porto Alegre para Campinas, decidi preparar-me para concorrer a uma vaga em um curso de mestrado. Optei por um mestrado profissional, pois apresentava o rigor acadêmico de uma pós-graduação *stricto sensu*, aliado à busca de conhecimento no campo dos negócios, com produção de conhecimento acadêmico e geração de valor para o mercado.

Inscrevi-me, então, no mestrado profissional da FIA, que atenderia às minhas expectativas e ainda traria o reconhecimento, o *background* e o prestígio dos professores da Universidade de São Paulo (USP). Após provas e entrevistas fui aprovado, e alguns dias mais tarde fui efetivar minha matrícula, no dia 1º de dezembro de 2014, uma segunda-feira depois de um final de semana fabuloso de vendas na empresa em que trabalhava: na última sexta-feira, a empresa havia registrado o maior faturamento da nossa subsidiária brasileira em toda a história em um único dia: era a Black Friday; e pelo segundo ano eu trabalhava no varejo nesta ação promocional. Foi uma semana inesquecível, porém muito cansativa. Trabalhei de segunda a segunda sem descanso durante aqueles dias, e, no fim de semana, quase doze horas por dia.

Enquanto fazia a matrícula, em outra sala próxima, um senhor de cabelos brancos parecia interessado na conversa que eu tinha com Cláudia Ivonciac, funcionária da FIA, que recebia minha documentação, e, ao mesmo tempo, ouvia minha empolgante história sobre o fim de semana da Black Friday.

Sem eu perceber, surgiu na sala aquele senhor, o professor doutor James Wright. Ele era, na época, o coordenador do mestrado da FIA, e, mais tarde, viria a assumir a direção da escola. Ele entrou na sala, cumprimentou as pessoas, puxou conversa, começou a falar com orgulho sobre o curso de mestrado e logo pegou o gancho do assunto que eu estava conversando com Cláudia. Fez um comentário que me marcou e que ficou na minha mente por muito tempo: "Olha, isso aí [a Black Friday] daria um bom tema de dissertação". Conversamos um pouco sobre o assunto, mas o diálogo terminou assim que o processo de matrícula foi concluído. Então, despedi-me dos presentes e fiquei com aquela sementinha na cabeça.

A universidade é mesmo um lugar onde brotam boas ideias, já dizia Steven Johnson. Em seu livro *De onde vêm as boas ideias* (2010), ele explica que as descobertas não brotam de um momento "Eureka" olhando para um microscópio, mas ocorrem na montagem de um quebra-cabeça. Cada um sabe montar somente a sua parte, mas vai coletando peças das outras pessoas e fazendo as conexões, mantendo as ideias em incubação, até o momento de produzir alguma coisa nova. É por isso que tanto se fala de compartilhamento nos ambientes de *startups* e de inovação das empresas, em que ideias, carros, casas, caminhões de entrega, vagas de estacionamento, roupas, quase tudo pode fazer parte da economia compartilhada e coisas novas e disruptivas podem ser criadas.

Saí da faculdade e fui trabalhar normalmente naquele dia. A colocação do professor James não me saía da cabeça, mas naquele momento minha zona de conforto falava mais alto. Eu pensava: "Já estou com o projeto de pesquisa pronto" — o tema era "A gestão de pessoas como estratégia central das organizações" —, "por que vou mudar? Não, não, muito trabalho... Nem conheço tanto assim sobre Black Friday. Aliás, não conheço nada. Por outro lado, adoro estudar sobre gestão de pessoas. Não, eu não vou mudar...". Deixei pra lá e segui em frente, afinal já estava chegando o Natal e eu tinha muito trabalho a fazer.

Passados alguns meses da matrícula do mestrado, no começo de 2015, comecei o sonhado e suado curso. Uma das disciplinas que estava estudando era: Práticas de Elaboração de Trabalho Final, que tinha como principal objetivo orientar os alunos a escrever e escolher o tema da sua pesquisa que viria a se tornar a dissertação de mestrado, que é o produto final da pós-graduação *stricto sensu*. Quem ministrava as aulas era a professora-doutora Flávia Ghisi, da qual eu já tinha ouvido muitos comentários de colegas, professores e funcionários da FIA. Ela era quase uma semideusa encarnada, jovem, muito inteligente. Doutora com menos de 30 anos de idade e com dois pós-doutorados, um na USP e outro na Universidade de Copenhagen, era extremamente respeitada.

Além disso, era especialista em varejo e diretora acadêmica de varejo do Programa de Administração de Varejo da FIA (Provar/FIA). Conhecia diversos varejistas importantes do Brasil por meio dos programas de educação corporativa que dirigia. Alguns dos meus colegas se gabavam de ter Flávia como sua orientadora, dizendo que ela era o máximo, que entendia muito de varejo e um pouco de tudo. Por todo esse contexto, eu pensava que ela era meio inacessível, e por isso nem imaginava que pudesse ser minha orientadora. Mesmo porque meu tema de dissertação, até aquele momento, não tinha nada a ver com as especialidades dela. Porém, aquilo que o professor James disse sobre a Black Friday no dia da minha matrícula no mestrado continuava martelando em minha cabeça.

Em uma das aulas de Flávia, tomei coragem e, no intervalo, fui falar com ela sobre minha proposta de dissertação sobre gestão de pessoas. Pedi licença e comecei a explicar sobre meu projeto de pesquisa. Ela, no papel de professora da disciplina de elaboração de trabalho final, era a melhor pessoa para me dar dicas sobre como seguir no projeto e que orientador buscar dentro da escola para facilitar meu caminho de pesquisa.

Flávia ouviu meu relato sem muito entusiasmo. Ela já havia falado naquele dia com uns dez alunos ou mais sobre temas de pesquisa. Ao terminar, passou-me algumas orientações e indicou um ou dois professores que eram especialistas naquele tema. Enquanto ela falava, eu pensava no que o professor James tinha plantado em minha cabeça sobre a Black Friday. Então, quando ela terminou, tomei coragem e disse-lhe que tinha uma segunda ideia de pesquisa.

Fiz uma introdução contando minha trajetória de quase 20 anos de varejo trabalhando em empresa multinacional, familiar e própria. Expliquei que eu acompanhara boa parte das mudanças na dinâmica do varejo naqueles últimos anos, inclusive o peso das tradicionais datas comemorativas (Natal, Dia das Mães, dos Pais, dos Namorados etc.) e, por fim, mencionei como proposta de tema de estudo sugerido pelo professor James a Black Friday. Mudando totalmente seu semblante, ela virou-se para mim, como se eu tivesse dito algo que despertasse seu interesse. Então, disse-me: "Olha, esse, sim, é um tema interessante de pesquisa. Não me recordo de alguém já ter pesquisado isso na academia e tampouco no mercado". Ela falou duas coisas que mexeram comigo e me fizeram mudar meu tema de pesquisa para a Black Friday: "Veja bem, eu já estou orientando vários alunos, e estou bem ocupada por causa disso, mas esse tema me interessa muito, há lacunas na academia e no mercado e gostaria de ajudar. Se você quiser, posso ser sua orientadora. Por outro lado, vai ser bem difícil pesquisar e estudar um tema sobre o qual devem existir poucos trabalhos, mas esta pode ser uma grande oportunidade para você se destacar e tornar-se uma referência no assunto".

Esse discurso fez-me lembrar de um grande líder na Fnac do Brasil, André Coutinho Ramos, que propôs que eu me tornasse diretor de uma loja que passava por grandes dificuldades. Para me persuadir, ele genialmente disse algo que fez toda a diferença na forma de eu encarar aquele desafio e que, com certeza, influenciou os resultados: "Alberto, essa pode ser uma grande oportunidade de você se destacar. Das situações mais desfavoráveis, das quais ninguém tem coragem de chegar perto, com muito trabalho, dedicação e humildade, podem surgir grandes êxitos". E realmente foi o que aconteceu. A predição de André deu certo. Com muito trabalho, dedicação, suor e até lágrimas, assumi a direção da Fnac em Porto Alegre, e essa foi uma das maiores e mais felizes experiências da minha vida. Naquela maravilhosa terra, surgiram muitas coisas boas e fiz grandes amigos.

Nesse contexto, as peças do quebra-cabeça se juntavam: minha experiência de quase 20 anos de varejo, o ambiente de pesquisa da FIA, uma orientadora que conhecia muito de varejo e um pouco de tudo mais, um tema novo e bastante intrigante, e uma grande oportunidade que poderia trazer inúmeros bons frutos. Foi assim que topei o desafio de trocar o tema de minha pesquisa de mestrado, que depois se transformaria em dissertação, serviria de base para a publicação de artigos e seria o ponto de partida para outras pesquisas sobre o tema. Essa porta de acesso foi aberta por meu atual orientador, o professor doutor Nuno Fouto, daí surgindo a elaboração de meu tema para a tese de doutorado da USP, que resultaria em palestras e, posteriormente, estruturaria este livro. Essa é a história de minha aventura com a Black Friday.

1.3 Transformando a dissertação, os artigos e as palestras em livro

Já se passaram quatro anos estudando, escrevendo e palestrando sobre a Black Friday. Ao mesmo tempo, havia as exigências e as responsabilidades inerentes a um cargo de gestão em uma grande empresa multinacional de varejo e, claro, meus prazeres e responsabilidades de esposo e pai de família. Estava feliz com os resultados que iam sendo alcançados, mas não foi fácil. Aliás, ponto importante a se destacar: sem a minha família me apoiando, nada disso seria possível. Minha esposa, Rosi, tem sido uma grande companheira nesta jornada, afinal de contas, mudamos de cidade, de casa, começamos novos projetos, deixamos os amigos e os familiares para trás e passamos por muitas coisas juntos, o que não foi fácil. Minhas filhas eram o combustível de alegria que me enchia de energia nas horas mais difíceis. Eu só tinha o domingo de folga e dedicava esse dia aos meus estudos. Quase não saíamos, eu acabava passando bem pouco tempo com elas. Esses momentos, embora curtos, eram muito bem aproveitados. A paciência e o companheirismo de minha família me deram forças para chegar até aqui.

Por causa da dissertação e dos resultados apurados na pesquisa de mestrado, fui convidado a falar sobre a Black Friday na televisão e dei entrevistas a emissoras de rádio. Diversos jornais, portais e outros veículos da imprensa escrita publicaram os resultados de meus estudos nos anos de 2016 e 2017. Além disso, produzi alguns artigos científicos relatando as descobertas de meus estudos, que tive o privilégio de apresentar em congressos nacionais e internacionais nos quais pude conhecer grandes professores das áreas de administração, varejo e marketing. Muitos deles fizeram parte das fontes de conhecimento que consultei para construir as bases de meu estudo.

Mas o mais gratificante para mim foi poder ministrar palestras para meus colegas varejistas e para alunos de cursos de varejo e negócios. Dividir com eles esse conhecimento adquirido, ter essa interação nas palestras, ouvir seus casos, compartilhar suas dores, suas dúvidas e seus êxitos, e o mais incrível ainda, conhecer abordagens e contribuições que me davam outros *insights* e novos campos de estudo para a Black Friday, tudo isso foi sensacional e recompensador.

No final de 2017, após esse ciclo de palestras, artigos e congressos, um amigo de infância, Ricardo Mituti, jornalista e escritor, lançou em São Paulo um romance de sua autoria. Fui ao lançamento do livro e, numa dessas coincidências da vida, mais duas peças do quebra-cabeça para este livro foram encontradas. Uma delas estava com Paulo Tedesco, um amigo que conheci em Porto Alegre durante os anos que morei por lá, e a outra, com o próprio Ricardo Mituti.

Paulo é um cara muito culto e inteligente. Em 2011, quando o conheci, ele já ministrava palestras sobre como escrever um livro. Acho que de tanto ensinar os outros a escrever, tornou-se um dos principais profissionais que conheço com sensibilidade e faro para um bom tema de livro. Quando o reencontrei no lançamento do livro do Mituti, matamos a saudade e, em algum momento da conversa, entramos em minha aventura na Black Friday. Ele se interessou muito e disse: "Isso vai dar um bom livro". Eu já havia ouvido isso de dois outros editores naquele mesmo ano, mas, como eu trabalhava em uma livraria multinacional que era uma das maiores compradoras das editoras, achei que talvez esses editores, que eram pessoas muito gentis, estivessem sendo apenas simpáticos com meu trabalho. Paulo pediu para ver o que eu tinha de material e me deu um retorno cheio de inspiração e motivação, incentivando-me a escrever o livro. Ele me deu algumas ideias e me passou um pouco de sua experiência; então, tomei coragem e comecei a escrever.

Ricardo me ofereceu várias dicas sobre o desafio de ser um autor e me deu uma baita força e motivação para que eu escrevesse o livro. Era a peça que faltava.

Assim nasceu este livro! E meu principal objetivo ao escrevê-lo é registrar e compartilhar com o leitor, seja ele um varejista, um estudante, um jornalista ou até mesmo um consumidor, os resultados dos nossos estudos ao longo desses anos, contando como surgiu a Black Friday no Brasil e nos Estados Unidos, seu país de origem. Procuro explicar por que existem tantas diferenças entre os dois países, apresentando as ações dos varejistas ao longo dos anos para tornar mais atrativa a ação promocional e gerar credibilidade. Neste livro, exploro também, com base nos achados da dissertação, os pontos positivos e negativos da ação para o varejista, observando como potencializar os aspectos positivos e mitigar os negativos, e, por fim, trago dicas que podem ajudar o varejista a ter melhores resultados nas próximas edições. Além disso, em determinado capítulo, proponho que o leitor reflita se a Black Friday vale a pena e se cria valor para o varejista. No doutorado, minhas pesquisas sobre a BF continuam, e trago alguns *insights* aqui também. Atualmente, meu foco é o consumidor, entender o que mais faz sentido para ele, as mudanças percebidas no perfil dele, e o que mais impacta suas decisões de compra. Aqueles que gostam de conhecer ou revisitar os principais conceitos de promoção de vendas, precificação em liquidações e planejamento de ações comerciais terão, em alguns capítulos do livro, o prazer de retomar esses assuntos de uma forma agradável e sintética.

2. CONTEXTUALIZAÇÃO DA BLACK FRIDAY NO VAREJO BRASILEIRO

Este livro pretende trazer à discussão uma importante ação promocional que vem ganhando relevância ano após ano no mercado brasileiro e influenciando o crescimento do volume de vendas do setor varejista: a *Black Friday*, ou, em português, "Sexta-feira Negra". A data pode ser considerada muito relevante para toda a cadeia de valor do varejo devido à sua representatividade no faturamento anual das empresas. E podemos ampliar essa visão para todo o país, uma vez que o varejo apresenta-se como importante setor da economia na geração de empregos e arrecadação de impostos.

Em 2018, o Brasil foi o 12º maior mercado de varejo no mundo, tendo permanecido por muitos anos na décima colocação, e ainda é o primeiro da América Latina, conforme demonstrado no Quadro 1. O varejo é extremamente importante para a economia brasileira. De acordo com dados do IBGE de 2018, o setor varejista participou com 12% do Produto Interno Bruto (PIB).

Quadro 1 — Ranking do varejo mundial

Tamanho do mercado varejista por país Histórico de valor de vendas (inclusos impostos) em US$, cotação à época (maio/2019)						
País	2013	2014	2015	2016	2017	2018
EUA	2.716.303	2.819.798	2.941.150	3.038.987	3.139.131	3.254.058
China	2.035.667	2.252.149	2.416.215	2.421.070	2.584.263	2.860.352
Japão	1.158.334	1.108.108	976.925	1.096.360	1.071.620	1.094.175
Índia	482.940	523.422	555.397	591.470	675.502	698.352
Alemanha	684.526	695.072	594.305	607.204	633.969	685.564
França	649.375	653.751	556.337	565.341	591.869	635.044
Reino Unido	594.013	642.963	606.378	544.563	533.337	569.775

Rússia	612.147	563.359	369.066	347.547	421.173	413.768
Itália	431.263	425.554	357.413	360.988	374.821	402.926
Canadá	330.825	318.893	286.588	290.962	313.686	326.062
Coreia do Sul	247.039	265.151	260.024	271.068	295.262	323.576
Brasil	437.656	434.245	310.509	298.046	345.920	313.537

Adaptado pelo autor com base em © Euromonitor International (2018).

O evento ou a ação promocional Black Friday, ou simplesmente BF, como aqui será tratado, apresenta-se como um acontecimento do calendário promocional de vendas em vários países do mundo, de maneira especial em seu país de origem, os Estados Unidos, e também no Brasil.

O termo "Black Friday" teria sido usado pela primeira vez no início dos anos 1960 pela polícia da cidade da Filadélfia, para se referir ao dia seguinte ao feriado de Ação de Graças. Havia, nesse dia, um grande fluxo de pessoas e de carros gerado para ver o desfile do Papai Noel, já que a data abria o período de compras de Natal (esse tema será abordado com mais detalhes no próximo capítulo).

Nos Estados Unidos, a BF é considerada uma ação de promoção de vendas anual do varejo com fortes descontos. Ocorre na última sexta-feira de novembro, após o feriado de Ação de Graças, no qual as famílias se encontram para comer o famoso "peru de Ação de Graças" e trocam presentes. Mesmo durante o feriado, os estabelecimentos (físicos e on-line) já começam a fazer promoções de diversos produtos. Lojas conhecidas mundo afora, como a Macy's, a JC Penney, a Boscov's, a Sears, o Walmart, a Best Buy, a GAP, entre outras, abrem suas portas às quatro ou cinco horas da manhã para oferecer descontos "únicos". Há varejistas que abrem suas lojas na própria quinta-feira, na noite do feriado, fazendo com que muitos consumidores deixem a celebração com suas famílias mais cedo. A BF é tradicionalmente conhecida nos Estados Unidos por gerar longas filas, muita confusão e caos, com clientes expostos ao frio por horas, à espera da abertura das lojas.

Lá, a BF é a ação promocional de vendas de maior lucratividade do varejo segundo dados da National Retail Federation (Shay, 2014).

No Brasil, apesar do cenário econômico desfavorável em 2018, da Copa do Mundo e das eleições, as vendas on-line na BF registraram o maior faturamento de todos os anos (Ebit, 2018).

Devido ao seu sucesso e impacto nas vendas, a BF foi rapidamente adotada por diversos outros países, como Canadá, Austrália, Nova Zelândia, Reino Unido, México, Espanha, Costa Rica, Panamá, Chile, Portugal, Noruega, França, Suíça, Grécia, Uruguai e Paraguai.

A BF chegou ao Brasil em 2010, trazida pelo visionário empresário Pedro Eugênio Toledo Piza, que fundou o site www.blackfriday.com.br. Ela reproduzia o modelo americano e era voltada apenas aos varejistas no ambiente on-line. Imaginava-se criar uma ação de promoção de vendas para alavancar as receitas por meio de grandes descontos em um curto período. Cinquenta lojas se cadastraram e aderiram às regras, e a ação foi divulgada com alguma antecedência para captar clientes que se inscreveram no site para receber e ter acesso à lista de ofertas que estariam vigentes no dia.

A BF chega, em 2019, à sua décima edição no mercado brasileiro. Em seus estudos, Guerra, Nielsen e Olivo (2015) já afirmavam que a ação promocional vinha se apresentando como um dia muito relevante de vendas no calendário promocional do varejo brasileiro, com grande impacto no orçamento anual das empresas, especialmente no que diz respeito ao deslocamento do faturamento do mês de dezembro para o final do mês de novembro.

Quando falamos sobre ação promocional ou promoção de vendas, não podemos deixar de citar o clássico modelo de Jerome McCarthy, dos "4Ps" de marketing. O "P" de promoção de vendas é o mais utilizado pelos varejistas em busca de um diferencial competitivo. Autores brasileiros e estrangeiros da literatura de marketing, como Garner (2002), Shimp (2002), Blessa (2006), Zenone e Buairide (2005), e Jaber e Goggins (2013), destacam que o desconto é a principal ferramenta de promoção de vendas do composto do marketing, por ser de fácil entendimento e por ter grande apelo entre os consumidores, gerando rapidamente benefícios e provocando nos compradores uma sensação de prazer. Alguns autores defendem que o desconto pode ser uma forma de adquirir novos compradores, mas também pode criar alguns entraves para os lojistas, pois raramente ajuda a construir uma relação de longo prazo com a marca/empresa.

Voltando a falar da BF, nota-se que tem sido de fato um evento de extrema importância para o calendário promocional varejista no Brasil. Tanto em volume como em planejamento, tornou-se um grande acontecimento para a maioria das empresas do comércio e para outros setores, como indústria e serviços, que fornecem insumos para os varejistas. A data já é considerada, inclusive, para a elaboração do orçamento anual de vendas, com impactos em contratação de mão de obra e criação de infraestrutura extra. Parente e Barki (2014), dois renomados professores e autores brasileiros, elaboraram, em seu livro *Varejo no Brasil: gestão e estratégia*, um quadro com as principais datas promocionais, incluindo o Natal, o Dia das Maes, dos Pais e dos Namorados; Guerra, Nielsen e Olivo (2015), após constatarem a relevância da BF em seus estudos, acrescentaram a esse grupo o evento da última sexta-feira do mês de novembro.

Pode-se dessa forma afirmar que, nos dias atuais, a BF está consolidada e é considerada pelos varejistas a primeira ou a segunda data mais relevante de vendas, tendo mudado, inclusive, o peso do fluxo de caixa e de vendas do varejo e da indústria. Os varejistas sempre tiveram o Natal como a data mais significativa de vendas e recebimentos, equilibrados ao longo do mês de dezembro com uma concentração maior entre os dias 20 e 24. O final de novembro passa agora a receber uma atenção especial por causa da BF. Conforme comprovam nossos estudos ao longo destes anos, cada vez mais novos e inusitados setores do comércio e de serviços aderem à data promocional. Observam-se ofertas de todos os tipos de produtos (de eletrônicos, vestuário e decoração a imóveis, carros e até gado!), de serviços (financeiros, consultorias, saúde, cursos, estética etc.), clubes de assinaturas e o que mais se puder pensar. No fim de semana de realização da BF, com frequência as vendas têm se igualado — ou até superado —, em determinados segmentos do varejo, às vendas de todo o mês de dezembro, muitas vezes com um tíquete maior, porém com margens bem menos atraentes e maior parcelamento dos recebíveis (vendas parceladas aos clientes), um recurso muito utilizado para estimular a compra de ocasião, como a de produtos de "sonho" dos consumidores.

Embora seja um evento de relevância para o varejo, constata-se que ainda não existem muitos estudos acadêmicos sobre a BF, nem mesmo nos Estados Unidos. As pesquisas lá realizadas concentraram-se nos relatórios de vendas e no mau comportamento do consumidor nas lojas. No entanto, esses relatórios não têm cunho acadêmico e poucos foram publicados em revistas científicas. Por isso mesmo, tentamos aqui registrar nossa contribuição para a academia e o varejo brasileiros.

3. ORIGEM DA BLACK FRIDAY NOS ESTADOS UNIDOS[1]

Atualmente, a temporada de compras de final de ano nos Estados Unidos é aberta com a BF, que acontece na última sexta-feira de novembro, logo após o feriado do Dia de Ação de Graças.

Há diversas teorias sobre a origem da BF, nos Estados Unidos, como um evento de abertura da temporada de compras. Para os autores norte-americanos Apfelbaum (1966) e Taylor-Blake (2009), a teoria mais aceita é que a denominação tenha surgido no início dos anos 1960, na Filadélfia, com um artigo publicado em 18 de dezembro de 1961 no *Public Relations News* por Denny Griswold. O artigo dizia que a polícia local chamava de Black Friday o dia seguinte ao feriado de Ação de Graças. Segundo ele, havia sempre muitas pessoas nas ruas. Dessa forma, nenhum policial podia tirar folga nesse dia, as crianças não tinham aulas, e formavam-se congestionamentos enormes para ver o desfile do Papai Noel, já que a data abria o período de compras natalinas. Essa tradição se iniciou em 1920 e se tornou mais popular ainda em 1924, quando a loja Macy's, em Nova York, passou a fazer um grande desfile com o Papai Noel, a Mamãe Ganso e outros personagens infantis. Há um artigo de Joseph Barret (1994) no jornal *Philadelfia Inquirer* intitulado "This Friday was Black with Traffic", que traz os mesmos elementos e reforça essa teoria.

Outra vertente menos aceita, segundo Taylor-Blake (2009), é sobre uma newsletter do mercado de trabalho chamada *Factory*

---

1 Capítulo extraído de minha dissertação de mestrado. GUERRA, A. A. C. *Black Friday no Brasil: efeitos dessa ferramenta promocional no varejo e práticas adotadas pelos varejistas*. São Paulo, 2016. Dissertação (Mestrado em Gestão de Negócios) — Fundação Instituto de Administração (FIA).

Management and Maintenance, que reivindicava a origem do uso do termo associado ao período das festas. Em 1951, teria circulado um artigo que alertava para a incidência de profissionais doentes na sexta-feira, depois do feriado de Ação de Graças, deixando as fábricas e os estabelecimentos vazios devido ao alto absenteísmo.

Benjamin Zimmer (2011) afirma que, até a década de 1980, essa expressão estava limitada à questão do grande volume de tráfego, mas, desse momento em diante, surgiu um novo sentido para os varejistas, que durante mais de vinte anos passaram a perceber a data como um momento em que eles saíam do "vermelho" (prejuízo) para o "negro", indicando valores positivos (do inglês "going back to black").

Zimmer (2011) acrescenta que o termo "Black Friday" se referia originalmente a acontecimentos muito diferentes do que hoje se conhece: o maior evento de compras dos Estados Unidos. O adjetivo "negro" havia sido usado durante muitos anos para retratar diversos tipos de calamidade, como quebras de bolsas de valores e grandes baixas do sistema financeiro. O maior exemplo é a quebra da Bolsa de Nova York, em 1929, que abalou o sistema financeiro do mundo todo.

A partir do século XXI, com as crises financeiras e a bolha imobiliária dos Estados Unidos, iniciou-se naquele país uma mudança do perfil de compras no período de BF. Os consumidores passaram a ficar inseguros com o cenário econômico e começaram a buscar descontos para economizar dinheiro. Segundo D'Antonio e Gerzema (2010), do jornal *Los Angeles Times*, foi a partir desse momento que a BF começou a ser usada mais vigorosamente pelos varejistas americanos como uma ferramenta de promoção de vendas com o atrativo de bons descontos. Atualmente, os varejistas usam esse dia para trazer clientes para suas lojas com grande variedade de ofertas, horários estendidos e promoções especiais. A BF é relatada como um dia de barganha extrema e muito movimento de compras, tornando-se notória na mídia e entre o público em geral. As vendas durante esse período, considerado o início da temporada de férias nos Estados Unidos, geram lucro para o ano todo para muitos varejistas.

Thomas e Peters (2011) reforçam, em seu estudo sobre o ritual de consumo coletivo na BF, que as ações de descontos desse dia combinam-se ao desejo do consumidor de economizar.

Os varejistas americanos consideram a BF, seguida pela Cyber Monday, como a ação promocional de vendas de maior lucratividade; além disso, as duas ações somadas ao Natal podem chegar a representar de 25% a 40% do volume anual de vendas do varejo, segundo Swilley e Goldsmith (2012). Ano após ano, os consumidores formam, cada vez mais, filas para "garimpar" descontos de até 90%, e, de acordo com dados da NRF, o crescimento anual da BF em 2017 foi da ordem de 4% em relação ao ano anterior. Porém, o consumidor tem se mostrado mais seletivo e passou a esperar e a pesquisar a melhor oferta antes de comprar, uma vez que todo o varejo oferece descontos nesse período. O uso do *smartphone* para pesquisar e comprar está cada vez maior: cerca de 40% das compras são feitas on-line.

Para se chegar a esse estágio, os varejistas americanos passaram a se preocupar cada vez mais com a preparação e o planejamento. O estudo realizado por Simpson et al. (2011) sobre o comportamento do consumidor na BF, assim como o trabalho de Logan (2014), ajuda a tirar algumas conclusões. Eles comprovam que o varejista que faz um bom planejamento e prepara sua loja (sinalizando os produtos em promoção, deixando a precificação clara, treinando e instruindo sua equipe, evitando que se acumulem longas filas), tende a favorecer a sensação de um clima amistoso e confiável de consumo e, consequentemente, gera maior volume de vendas. Kwon e Brinthaupt (2015) complementam que, nos Estados Unidos, os varejistas, para suportar a grande concentração de vendas e de clientes na BF, têm aumentado seus estoques, contratando mais empregados, criando promoções adicionais e redesenhando o *layout* e o *merchandising* das lojas para atender à demanda e maximizar as vendas. Desde 2011, cada vez mais lojistas abrem seus estabelecimentos com as ofertas na quinta-feira para minimizar o impacto das multidões na sexta-feira e aumentar as vendas.

4. ORIGEM DA BLACK FRIDAY NO BRASIL[2]

O evento BF no Brasil ainda é muito recente. Em 2010 aconteceu a primeira edição da BF no varejo brasileiro, apenas para as lojas on-line. A BF já chegou ao país com o conceito, formado nos Estados Unidos, de uma ferramenta de promoção de vendas baseada em descontos; assim, de um lado estão os consumidores, na busca por maior economia nas compras, e de outro, os varejistas, vislumbrando a oportunidade de alavancar altos volumes de vendas. A BF chegou e se desenvolveu no país com várias diferenças em relação ao que se observava no mercado americano, mais maduro, preservando basicamente duas características fundamentais: os descontos e o dia da realização da ação (última sexta-feira do mês de novembro).

De 2011 em diante, segundo dados do Ebit (2017), os maiores sites de comércio eletrônico brasileiro começaram a aderir à BF e a aumentar seu volume de vendas (Quadro 2). Especialmente a partir de 2012, os recordes de faturamento e número de lojas participantes superaram as expectativas dos lojistas físicos e on-line brasileiros. Em 2012 e 2013, a imprensa brasileira noticiou que vários sites de comércio eletrônico tiveram uma demanda tão alta de compras que as empresas demoraram vários dias para atender aos pedidos, os quais ficaram represados, causando prejuízo aos clientes e arranhando a imagem de alguns varejistas e até mesmo da BF como um todo.

---

2 Capítulo extraído e adaptado de minha dissertação de mestrado. GUERRA, A. A. C. *Black Friday no Brasil: efeitos dessa ferramenta promocional no varejo e práticas adotadas pelos varejistas*. São Paulo, 2016. Dissertação (Mestrado em Gestão de Negócios) — Fundação Instituto de Administração (FIA).

De acordo com uma matéria publicada em 2014 no *Diário do Comércio e Indústria & Serviços* (Milhassi, 2014), as empresas investiram em ferramentas tecnológicas, logísticas e de publicidade, buscando desfazer a imagem negativa dos anos anteriores no que tange à BF.

No Brasil, a BF envolve bastante polêmica. Muito se veiculou sobre as falsas ofertas por parte de alguns varejistas, que anunciavam ofertas de preços pela "metade do dobro". Por outro lado, também se viram vários consumidores nas filas das lojas ou na frente do computador conseguindo bons descontos. Com o aumento das vendas, os lojistas precisam estar bem preparados, tanto em termos de tecnologia como de operações. Diversos sites acabam derrubados pelo volume de visitas, assim como lojas físicas que param de operar porque seus sistemas deixam de funcionar ou até mesmo porque falta pessoal para atender à demanda gerada pelo evento. Eles precisam estar prontos para esse aumento de fluxo para não perder vendas e não frustrar a experiência de compra. Para isso, exige-se que o lojista tenha preparação e planejamento prévio para atender a essa demanda de um evento promocional de tanta relevância, uma data única no calendário anual de ações promocionais. Deve oferecer bons descontos, por conta própria ou negociados com seus fornecedores, ter profundidade de estoque das principais ofertas, e preparar seu time, suas instalações e suas estruturas para não gerar efeitos negativos e frustrações em seus clientes.

A fama negativa inicial gerada pelos falsos descontos acabou por marcar a ação, e às vezes as pessoas se referem de forma pejorativa à ação como "Black Fraude". Com bastante frequência, os consumidores brasileiros são vistos nas redes sociais e nos sites de reclamação do consumidor, como o Reclame Aqui (www.reclameaqui.com.br), queixando-se das falsas promessas de descontos de até 70%. Até mesmo a revista norte-americana *Forbes* (Rapoza, 2013) publicou essa repercussão negativa, fazendo a comparação entre a visão dos consumidores nos Estados Unidos, onde a BF é conhecida como o dia dos descontos, e a dos consumidores do Brasil, onde é chamada por muitos de "dia da fraude". Bernardo, Dias, Lepsch e Claro

(2014) publicaram um estudo realizado nos anos de 2012 e 2013 que abrangeu 12 sites brasileiros de comércio eletrônico com mais de mil produtos de diversos segmentos. A pesquisa mostrou que, comparando-se os períodos anteriores e posteriores à BF, poucos desses varejistas on-line ofereceram em seus produtos um percentual de desconto superior a 20%.

Em 2013 e 2014, o evento foi ampliado, com milhares de ofertas, descontos e promoções também nas lojas físicas, com anúncios de até 80% de desconto, confirmando sua adesão por parte da maioria dos varejistas brasileiros. Nesse contexto, e com as vendas crescendo acima de dois dígitos a cada ano, percebe-se que a BF tem fortalecido sua imagem entre os consumidores e atraído mais varejistas. Simultaneamente, as lojas físicas passam definitivamente a aderir à BF, oferecendo ofertas iguais às das lojas virtuais.

Mesmo que o aprendizado tenha acontecido de forma gradativa, alguns problemas com a BF ainda persistiam no ano de 2015, pois muitos consumidores voltaram a reclamar de descontos pouco significativos ou "maquiagem de preços". Segundo o portal on-line de notícias *G1* (2015), 28,3% das reclamações do Procon-SP (órgão de proteção do consumidor do estado de São Paulo) sobre a BF brasileira de 2015 foram relacionadas a "falsos descontos". Apesar desses problemas de planejamento e, em alguns casos, de falta de credibilidade, as vendas da BF continuam aumentando ano após ano. Brabo et al. (2014), autores brasileiros que estudaram aspectos da produção nos espaços de mídia realizada por corporações, além da reprodução e da reelaboração feitas por consumidores durante a BF, complementam: o que se presenciava nas redes sociais na internet e em lojas físicas eram milhares de pessoas adiando ou adiantando as compras de Natal para a última sexta-feira de novembro, apesar das centenas de denúncias sobre descontos falsos e problemas na efetivação das compras.

Outro ponto importante ressaltado é que ocorreu uma queda, em relação a 2015, de cerca de um terço nas reclamações por parte dos clientes no site Reclame Aqui. Houve também um crescimento de 26% nas consultas sobre a reputação das empresas no site, o que pode indicar um avanço no estágio de amadurecimento do evento no país. Por outro lado, apesar desse crescimento, segundo o *E-Commerce News* (2016), observou-se uma queda de 13% no fluxo de clientes ao varejo físico naquele ano.

Em 2016 e 2017, observaram-se quedas significativas nas reclamações dos consumidores (*G1*, 2016) e, como tem ocorrido a cada edição, a BF superou o ano anterior em dois dígitos (Ebit, 2017). Foi o maior faturamento em apenas um dia na história do comércio eletrônico brasileiro até aquele momento e, provavelmente, na de todo o varejo do país, incluindo as vendas nas lojas físicas. Um fato novo começou a se tornar tendência entre os grandes varejistas: as lojas passaram a antecipar as promoções para a noite de quinta-feira, de acordo com o *G1* (2017).

Com os anos, somaram-se outros fatos que compõem sua identidade atual: uma ação de muita relevância para o calendário promocional do varejo brasileiro, com aspectos positivos e negativos para os varejistas. Porém, algumas desconfianças por parte dos consumidores permanecem, especialmente em relação a dois pontos: o atraso na entrega das compras realizadas e as falsas ofertas divulgadas por uma grande parcela dos varejistas.

Em estudos sobre a BF realizados por autores brasileiros, como Bernardo, Dias, Lepsch e Claro (2014), Guerra (2016) e Guerra, Nielsen e Ghisi (2017), alguns dos principais problemas e desafios da ação promocional são:

- **falha no planejamento e na preparação:** um evento como esse exige um esforço amplo de planejamento por parte dos varejistas para evitar perdas de faturamento, rupturas de estoque, furtos e extravios de mercadoria. Adicionalmente, é preciso ter pessoal suficiente, estruturas seguras e adequadas e sistemas funcionando em perfeita ordem;
- **baixa rentabilidade:** varejistas e indústria ainda têm dificuldade para encontrar um modelo econômico viável, em que as fórmulas de descontos agressivos, altos giros e rentabilidade apresentem resultados positivos em boa parte dos casos. Negociar descontos com fornecedores com antecedência é

fundamental para ter competitividade e atratividade, mas não adianta vender muito com preços baixos sem conseguir obter margens compensadoras. Essa é uma das maiores reclamações dos varejistas, que, muitas vezes, até se questionam se vale a pena aderir à ação promocional;

- **desconfiança dos consumidores:** apesar do avanço importante nesse quesito, ainda existem muitas reclamações de falsas ofertas por parte de varejistas menos preparados ou mal-intencionados;
- **desalinhamento entre as expectativas dos consumidores e as ações dos varejistas:** muitos clientes acreditam que, na BF, todos os produtos deveriam estar em promoção com descontos extremamente vantajosos. Já os varejistas não conseguem sustentar tal proposta — e tampouco é assim no país de origem, apesar de nos Estados Unidos os descontos serem mais agressivos que no Brasil;
- **multidões em lojas de rua e shoppings centers e muita dificuldade para encontrar vagas de estacionamento:** esse é outro problema causado pela concentração de vendas no mesmo dia, o que muitas vezes pode provocar estresse nos clientes e gerar perda de vendas.

O Quadro 2 sintetiza a evolução da BF no Brasil, retratando os principais acontecimentos históricos.

Quadro 2 — Evolução da Black Friday no Brasil

Ano	Acontecimento
2010	Início da BF, restrita ao comércio eletrônico.
2011	A data quase dobrou o faturamento do ano anterior, e começaram a aparecer as primeiras reclamações de clientes, que se intensificariam no ano seguinte.
2012	Surge o apelido "Black Fraude", os pedidos aumentam, os sites ficam "travados" pelo alto número de acessos e registram-se atrasos nas entregas de vários lojistas.
2013	Adesão dos principais varejistas no ambiente físico.
2014	As lojas estão mais preparadas para atender à demanda da BF.

2015	O faturamento continua crescendo, mas ainda permanecem alguns problemas de credibilidade entre os consumidores.
2016	Começam a diminuir as reclamações de falsos descontos.
2017	Quase um terço das compras on-line foi realizado com dispositivos móveis; antecipação de ofertas e abertura das lojas na noite da quinta-feira.
2018	Maior faturamento da BF; adesão significativa de pequenos varejistas por meio de grandes portais de *marketplace*; introdução de ações promocionais no canal B2B e aumento da quantidade de lojas ofertando a "Black Friday Antecipada" nos dias e semanas que antecedem a BF.

Elaborado pelo autor com base em Guerra, Nielsen e Ghisi (2017) e *E-Commerce Brasil* (2018).

O Quadro 3 apresenta o faturamento e o crescimento do faturamento nominal, ano a ano, da BF no comércio eletrônico brasileiro, sem considerar a inflação no período, assim como o número de pedidos e seu crescimento e, por fim, o valor do tíquete médio do período entre 2010 e 2018, apurado pelo site Ebit Nielsen.

Quadro 3 — Faturamento da Black Friday no Brasil no *e-commerce*

Ano	Faturamento (MMR$)	Crescimento nominal do faturamento	Número de pedidos (mil)	Crescimento no número de pedidos	Tíquete médio (R$)
2010	53	–	142		373
2011	100	88,68%	237	66,90%	425
2012	243	143,00%	599	152,74%	407
2013	770	216,87%	1.095	82,80%	396
2014	1.160	50,65%	2.200	100,91%	522
2015	1.600	37,93%	2.770	25,91%	580
2016	1.900	18,75%	2.920	5,42%	653
2017	2.100	10,53%	3.519	20,51%	562
2018	2.600	23,81%	3.760	6,85%	608

Elaborado pelo autor com base em Ebit (2018).

No Quadro 4, faz-se uma análise comparativa das principais características e diferenças da BF nos Estados Unidos e no Brasil. Observa-se que, apesar de esse evento ser muito recente no Brasil, ele se assemelha ao americano em relação às expectativas de economizar dinheiro por parte dos consumidores e em relação à oferta de descontos pelos varejistas.

Quadro 4 — Comparativo Black Friday: Estados Unidos e Brasil

	Estados Unidos	Brasil
Início	Década de 1950	2010
Características iniciais	Abertura da temporada de compras de Natal com muito fluxo nas lojas devido ao feriado de Ação de Graças.	Vendas somente on-line.
Características atuais	Consolidado como o maior evento do varejo, com filas a perder de vista e consumidores esperando as lojas abrirem.	Em processo de amadurecimento. Muito presente no comércio eletrônico e cada vez mais presente nas lojas físicas. Cresce mais de dois dígitos em faturamento a cada ano.
Enfoque atual	Fortes descontos (de até 90%) em todo o varejo; oportunidade de varejistas de baixar estoques e alavancar vendas.	Anúncios de descontos de até 70%, mas ainda em construção da reputação. Muitas indústrias e lojas têm se preparado melhor para oferecer produtos com descontos atrativos.
Percepção dos consumidores	Oportunidade de economizar devido aos descontos agressivos.	Oportunidade de economizar, mas com desconfiança de "maquiagem de preços" em algumas lojas.
Impostos	Em média de 8% a 11% do valor da venda, recolhidos apenas quando se concretiza a venda.	Podem variar de 10% a 45% do preço de mercado do produto e são recolhidos ao ser produzido ou faturado da indústria para o varejista.

Adaptado pelo autor com base em Guerra, Nielsen e Olivo (2015).

5. BLACK FRIDAY OU "BLACK FRAUDE"?

Mesmo hoje, muito se ouve falar que a Black Friday brasileira é uma fraude. A mídia brasileira, as redes sociais e até mesmo pessoas que trabalham no comércio ainda dedicam boa parte de seu repertório a fazer piadas sobre a "Black Fraude". Mas por que, após tantas temporadas, esse termo continua presente na mente das pessoas?

Bom, em primeiro lugar porque, como diz o ditado, uma notícia ruim se espalha algumas vezes mais depressa do que uma notícia boa. O ser humano prefere criticar a elogiar. Há estudos sérios sobre essa nossa natureza. Mas meu intuito aqui não é entrar nessa polêmica.

Em segundo lugar, há diversos elementos que comprovam que, de fato, muitas ofertas anunciadas por alguns varejistas, especialmente nos primeiros anos, eram falsas. O comerciante dizia que um produto estava com 50%, 70% e até 90% de desconto, mas com frequência o preço inicial era inflacionado para dar a impressão, nas etiquetas e nos anúncios, de que houvera redução.

Em 2012 e 2013, os autores Bernardo, Dias, Lepsch e Claro (2014) fizeram um estudo com 12 sites brasileiros de comércio eletrônico que ofereciam mais de mil produtos de diversos segmentos e constataram que, comparando-se o "antes" e o "depois", de fato, naquela época poucos varejistas estavam oferecendo diferenças de preço superiores a 20% do verdadeiro preço. Muitas vezes, aumentavam o preço de partida nas vésperas da BF para simular percentuais de descontos atrativos. Até grandes varejistas foram pegos com esses falsos descontos, e, em alguns casos, ocorreram autuações pelas unidades do Procon país afora.

Infelizmente, até hoje isso acontece, porém, cada vez com menor frequência, porque existem mais recursos de monitoramento dos preços e pressões da sociedade por transparência. Órgãos, empresas e sites de reclamação e de proteção ao consumidor divulgam rankings com recomendações e avaliações das empresas. E, sobretudo, porque o consumidor não aceita mais esse tipo de situação de boca calada, vai às redes sociais, aciona os órgãos competentes e, principalmente, deixa de comprar de varejistas que ainda mantêm essa atitude.

Mas, mesmo assim, por que o quesito credibilidade é tão mal avaliado pelos consumidores? (No capítulo 17, falaremos mais sobre as avaliações dos consumidores em relação à BF.)

Faço aqui uma reflexão sobre a construção dessa imagem. Vamos olhar desde o início: o termo "Black Friday" surgiu nos anos 1960, tomou a característica de ação promocional para o varejo nos anos 1980 e foi a partir de 2008 que passou a ter a conotação de uma data em que os consumidores buscam fazer economia por meio dos altos descontos.

O Dia de Ação de Graças é uma data em que as famílias norte-americanas se reúnem e trocam presentes, como acontece no nosso Natal; além disso, existem os gastos com a ceia, a decoração da festa etc. Os varejistas americanos colocam em promoção, na Black Friday, todos os produtos que sobraram ou que não foram vendidos após o feriado. A isso, somam-se os produtos obsoletos ou de coleções passadas que também compõem o mix de produtos ofertados, ou seja, não são vendidos produtos de lançamento ou de coleções novas.

No Brasil, as imagens e reportagens, veiculadas na mídia, acerca das longas filas e dos descontos agressivos criaram nos consumidores uma expectativa que não reflete nossa realidade. Comenta-se aqui no país, por exemplo — e poderemos ver isso mais a fundo no capítulo que trata da nossa pesquisa realizada com os consumidores sobre percepções e expectativas —, que muitos consumidores esperam encontrar a loja toda em promoção, inclusive os mais recentes lançamentos do mercado, assim como novas coleções, o que não ocorre nos Estados Unidos.

Mas, quanto aos descontos, por que há tantas diferenças? Antes de falarmos mal do "jeitinho brasileiro" de querer levar vantagem, existente também entre os comerciantes, olhemos para outro aspecto. Nos Estados Unidos, os descontos são realmente agressivos e reais, mas uma das razões a favorecê-los é o sistema de cobrança de impostos lá em vigor, segundo o qual os impostos são acrescidos ao preço final do produto. Se tomássemos como exemplo um produto que custasse 100 dólares, e sobre o qual incidisse uma taxa de impostos de 10%, o consumidor pagaria o preço final de 110 dólares; se o produto recebesse um desconto de 40%, sendo vendido por 60 dólares, o imposto proporcional pago, nesse caso, seria de 6 dólares, e o preço final para o consumidor seria de 66 dólares. No Brasil não é assim: os impostos já vêm embutidos no preço do produto e são pagos na origem, independentemente de quando e por quanto será vendido. Veja o exemplo do Quadro 5, abaixo, para entender melhor:

Quadro 5 — Comparativo percentual de descontos e impostos: Brasil × Estados Unidos

Cenário com preço cheio	Estados Unidos	Brasil
Preço de venda*	100,00	100,00
Preço de custo para o varejista (sem impostos)*	40,00	40,00
Preço pago pelo consumidor	110,00	100,00
Imposto médio a ser arrecadado	10,00	25,00**
Outros gastos	5,00	5,00
Lucro bruto médio do varejista	45,00	30,00
Cenário com desconto de 40%	**Estados Unidos**	**Brasil**
Preço de venda*	60,00	60,00
Preço de custo para o varejista (sem impostos)*	40,00	40,00
Preço pago pelo consumidor	66,00	60,00
Outros gastos	5,00	5,00
Imposto médio a ser arrecadado	6,00	25,00**
Lucro bruto médio do varejista	15,00	-10,00

* Base de cálculo usada no exemplo, igual nos dois países em relação ao preço de venda e ao custo de aquisição, meramente ilustrativa.
** Os impostos aqui não se alteram, pois são cobrados antes.

Elaborado pelo autor.

Como se pode ver no exemplo apresentado, em um cenário com o mesmo preço de venda e o mesmo custo de mercadoria sem impostos, o lucro bruto do varejista nos Estados Unidos cai de 45,00 para 15,00, no caso em que se aplica 40% de desconto. Já no Brasil, o lucro bruto cai de 30,00 para –10,00. Nos valores dos impostos pagos, também podemos observar diferenças: nos Estados Unidos, a redução do imposto é proporcional ao desconto — aplicado no produto, enquanto no cenário brasileiro o valor do imposto permanece o mesmo: os nossos governos não fazem Black Friday para os comerciantes.

Para finalizar essa reflexão precisamos agora olhar para a chegada da BF ao Brasil. A ideia da Black Friday foi trazida em 2010 pelo empresário Pedro Eugênio Toledo Piza, que fundou o site www.blackfriday.com.br. No primeiro ano, 50 lojas on-line aderiram à campanha promocional criada pelo site. Essas empresas expunham seus produtos no site com descontos. Nas páginas iniciais de busca desse site, além do envio de e-mail marketing e outros recursos de marketing digital, o consumidor, ao clicar, era direcionado para a compra com o desconto. Esses 50 participantes foram instruídos a fazer a ação promocional aplicando descontos relevantes e verdadeiros, obtendo assim bons resultados. Tanto que, de 2011 em diante, o site repetiu a estratégia e outras lojas on-line aderiram à ação, alcançando igual sucesso.

A partir de 2012, de uma forma geral, o comércio eletrônico brasileiro começou a usar o tema da ação importada dos Estados Unidos, ao mesmo tempo que a mídia brasileira já mostrava imagens das enormes filas e dos astronômicos números que o comércio americano atingia. Alguns desses novos varejistas, sem conhecer bem as motivações da ação promocional nos Estados Unidos, não foram muito honestos ao aplicar seus descontos, e esse comportamento infelizmente foi reproduzido por inúmeros varejistas nas edições seguintes.

Quando fazemos a análise desse contexto, observamos, de um lado, consumidores querendo descontos em todos os produtos (desde os lançamentos até os produtos recorrentes) e, de outro, varejistas, muitas vezes despreparados, ou até mesmo mal-intencionados, que deixam de ofertar produtos atrativos para os clientes e que manipulam os preços ou mentem sobre os descontos. Some-se a isso uma carga tributária muito maior que a americana, o que não ajuda em nada na rentabilidade do varejista.

Para mudar esse cenário de percepção da "Black Fraude" (e acredito que já esteja mudando), são necessárias algumas premissas:

a. preparação dos varejistas em relação ao sortimento de ofertas atrativas: bons descontos e produtos relevantes;
b. descontos reais oferecidos pelos lojistas;
c. adesão dos fabricantes à BF, oferecendo maior percentual de desconto aos lojistas;
d. adesão dos governos à BF, oferecendo descontos nos impostos (utopia).

O último item foi colocado por minha conta, mesmo sabendo ser praticamente impossível que algum governo brasileiro (ou estadual) aplique descontos nos impostos para os varejistas repassarem aos consumidores. Embora isso possa começar a mudar: o atual governo federal tem iniciado uma discussão com empresários do varejo para se fazer uma semana de descontos em setembro, durante a semana da Independência, um modelo parecido com o "Holiday Shopping Season" dos Estados Unidos, ou seja, temporada de compras de feriado, como é o caso da BF, no Dia da Independência Americana, no Columbus Day e outras ações promocionais nos feriados. Se de fato isso se concretizar, pode fortalecer muito o varejo brasileiro. Estamos na torcida!

Os demais itens apresentados acima dependem somente dos varejistas. (Caros lojistas: elaborei, no capítulo 19 deste livro, dicas com base nos estudos que fiz com muitos varejistas e na minha experiência em sala de aula e no chão de loja ao longo desses mais de 20 anos de carreira. Espero que elas possam ajudá-los!)

6. O NOVO CALENDÁRIO PROMOCIONAL DO VAREJO BRASILEIRO

Pode-se afirmar, definitivamente, que a BF atua, com representatividade e notoriedade cada vez maiores, no faturamento das empresas, na construção do orçamento anual de vendas, no fluxo de caixa das empresas varejistas e até da indústria. O evento entrou para o calendário promocional do varejo brasileiro mudando o peso de outras datas, antes mais representativas, como o Natal (que ainda é a principal data na maioria dos segmentos do varejo) e o Dia das Mães (Quadro 6).

Quadro 6 — Calendário promocional do varejo brasileiro

Mês	Data	Evento
Janeiro	1	Ano-novo
Fevereiro/março	Data móvel	Carnaval
Fevereiro	Fevereiro	Volta às aulas
Março/abril	Data móvel	Páscoa
Maio	2º domingo	Dia das Mães
Junho	12	Dia dos Namorados
	13	Dia de Santo Antônio
	21	Início do inverno
	24	Dia de São João
	29	Dia de São Pedro
Julho		Férias
Agosto	1ª semana	Volta às aulas
	2º domingo	Dia dos Pais
Setembro	21	Início da primavera
Outubro	12	Dia das Crianças/Dia de Nossa Senhora da Aparecida

Novembro	4ª sexta-feira	Black Friday
Dezembro	22	Início do verão
	25	Natal
	31	Véspera de ano-novo

Adaptado de Parente e Barki (2014) e Guerra, Nielsen e Olivo (2015).

Com essa nova data no calendário, toda a cadeia ligada ao varejo sofreu mudanças. As agências de emprego passaram a recrutar previamente para entregar candidatos aos seus clientes ainda em novembro. A indústria precisou antecipar em pelo menos vinte a trinta dias a sua produção de final de ano. Na maioria dos segmentos, aquele conhecido intervalo entre o dia 20 de dezembro e 5 de janeiro "sem faturar", em que muitas indústrias davam férias coletivas para todos os departamentos, não é mais possível, porque uma boa parte dos estoques do varejista acaba antes de 20 de dezembro, e, em um mercado tão competitivo e definido nos detalhes, ter ruptura entre os dias 20 e 24 de dezembro pode comprometer o faturamento. Com isso, departamentos fiscais, comerciais e de logística têm de trabalhar até a proximidade do dia 24.

Mais mudanças significativas podem ser destacadas em outros campos, como no fluxo de caixa das empresas, que, muitas vezes, acabam por oferecer prazos de pagamento mais dilatados, e o volume de pagamentos de impostos se torna maior durante o mês de dezembro. Os governantes ficam muito felizes! Além disso, os fornecedores de Tecnologia da Informação precisam dar plantão durante o final de semana da Black Friday e, ainda, se manter atentos para os dias 20 a 24 de dezembro.

As empresas de logística, que agora antecipam as suas entregas durante todo o mês de novembro e, em alguns casos, até no final de outubro, têm uma demanda gigantesca para a entrega ao consumidor no final na semana posterior à Black Friday. Necessitam, também, de um nível de preparação e planejamento muito mais detalhado para não colocar em risco a reputação do varejista e todo o trabalho realizado por trás da ação promocional.

Outro aspecto que influencia nas vendas da Black Friday, no Brasil (e é uma particularidade do nosso país), é quando coincide o pagamento da primeira parcela do 13º salário na mesma sexta-feira da Black Friday. Essa coincidência exata ocorreu em 2014, e ocorrerá novamente em 2025, mas, de qualquer forma, ela influencia no otimismo e nos gastos dos brasileiros.

Em relação a esses pontos, em um artigo que escrevi em 2017 para o portal *E-Commerce Brasil*, propus que as empresas em geral, mas especialmente as de varejo, se unissem e começassem a efetuar o pagamento da primeira parcela do 13º salário na última sexta-feira do mês de novembro. Propus também, de forma meio utópica, eu admito, que os governos e os bancos pudessem também aderir à Black Friday e oferecer descontos nos impostos e nas taxas de intermediação de cartões de crédito; uma ideia incrível, mas que precisaria de muita união dos varejistas para que se viabilizasse. Acredito que esses pontos acarretariam maior volume de descontos aos consumidores e aumento das vendas.

7. ANÁLISE DO COMPOSTO DE MARKETING APLICADO AO VAREJO[3]

Composto de Marketing ou Marketing Mix é um conceito abordado, em um primeiro momento, por Neil Borden, em 1953, e que se refere a uma combinação dos doze elementos mais usados no marketing. Em 1960, esse conceito foi sintetizado em quatro pilares por E. Jerome McCarthy. Surgiu, assim, a mais conhecida maneira de classificar os instrumentos de marketing: a proposta de McCarthy denominada de 4Ps. A última versão do seu livro *Basic Marketing* foi editada em 1997. Os 4Ps são: posicionamento (diferenciais do produto/serviço), praça (canais de distribuição, ponto comercial), preço (política de preços, formas de pagamento) e estratégias de promoção/comunicação (definição de estratégia de preço, desconto, comunicação, marca, eventos, experiência). Essa proposta tem aplicabilidade para praticamente qualquer tipo de negócio, inclusive o varejo.

Devido à natureza específica das atividades das empresas de varejo, e ao fato de estarem em contato com o consumidor final, existem autores como Kotler (2012), Parente e Barki (2014) e Balasescu (2014), entre outros, que ampliaram o conceito e defenderam mais dois elementos para o Marketing Mix. A versão de Parente e Barki (2014) inclui o P de pessoal (atendimento e serviços) e o P de *presentation* (loja, departamentos, planograma), mas, como descrito, existem muitas outras versões para os demais Ps, como: *profit*, performance e processo, entre outros. Porém, não vamos nos

---

[3] Capítulo extraído de minha dissertação de mestrado. GUERRA, A. A. C. *Black Friday no Brasil: efeitos dessa ferramenta promocional no varejo e práticas adotadas pelos varejistas.* São Paulo, 2016. Dissertação (Mestrado em Gestão de Negócios) — Fundação Instituto de Administração (FIA).

aprofundar nessa discussão, uma vez que não é o nosso objetivo, e vamos nos concentrar e adotar a última versão do clássico modelo de McCarthy (1997).

Segundo McCarthy (1997), uma estratégia de marketing é construída para atender às necessidades do mercado-alvo e o Composto de Marketing, ou 4Ps, é a variável controlável mais simples e essencial que uma organização reúne para satisfazer seu público-alvo. Kotler (2012) afirma que o Marketing Mix é o conjunto de ferramentas mais básico e primordial do marketing que as organizações usam para atingir seus objetivos.

A seguir, vamos fazer uma pequena revisão de cada um dos conceitos amplamente divulgados dos 4Ps de McCarthy para nos ajudar a montar o mapa mental sobre a BF. São eles:

- **Posicionamento (produto/serviço)** — relacionado a características de qualquer bem ou serviço que tenha potencialmente um valor de troca:
  1. percepção pelos clientes dos produtos e serviços da empresa;
  2. definição dos diferenciais dos produtos e serviços em relação à concorrência;
  3. definição de características técnicas, peso, embalagem, tamanho, desempenho, *design*, estilo, opcionais;
  4. decisão de mudar, retirar ou acrescentar características;
  5. decisão de lançar/retirar produto do portfólio.

- **Praça** — relacionado à distribuição e à localização física e logística envolvida para que o produto esteja facilmente disponível ao consumidor final:
  1. ponto comercial/industrial, localização geográfica estratégica;
  2. definição dos canais de distribuição, incluindo a avaliação de utilização de canais alternativos;
  3. planejamento da otimização da logística de distribuição.

- **Preço** — relacionado ao custo e aos meios e condições de pagamento que o consumidor irá desembolsar:
  1. definição do preço, dos prazos e das formas de pagamento;
  2. definição das políticas de atuação de mercado seletivo;
  3. definição das políticas de penetração em determinado mercado;
  4. definição de políticas de descontos especiais;
  5. definição de políticas de canais diferentes de comercialização;
  6. a estratégia de precificação influencia a estratégia de posicionamento e de comunicação.

- **Promoção/Propaganda** — processo de comunicação dos atributos e dos benefícios do produto buscando atingir seu público-alvo ou aumentar as vendas:
  1. estratégia de divulgação da marca;
  2. estratégia de divulgação dos produtos e dos serviços da empresa;
  3. ações de promoção de vendas em curto espaço de tempo;
  4. definição política de relações públicas e de assessoria de imprensa;
  5. elaboração de estratégia de comunicação e definição de mídias prioritárias;
  6. ações de promoção institucional da marca;
  7. marketing direto;
  8. venda pessoal;
  9. participações em feiras/exposições;
  10. eventos e experiências;
  11. ações estratégicas ou táticas de comunicação de preço como: *premium*, médio, desconto ou de combate.

Três grandes autores e referências no tema, McCarthy (1997), Kotler (2012) e Aaker (2012), concentram seus conceitos em descrever que os elementos do Marketing Mix são a base para a tomada de decisões estratégicas das organizações.

A abordagem dos 4Ps pode ser realizada em pelo menos dois níveis: o estratégico e o tático. O primeiro refere-se à direção que a empresa vai tomar em relação a preço, praça, promoção e posicionamento, e o segundo refere-se à implementação da estratégia, ou seja, de que forma ela será realizada pelos agentes dentro das empresas.

De forma análoga, Porter (1989) abordou o conceito de Cadeia de Valor, no qual qualificou as "atividades-fim" e "atividades-meio". As primeiras são aquelas que dizem respeito ao negócio, e as segundas são as que dão suporte para que as primeiras cumpram os objetivos da organização. As atividades-fim e meio da Cadeia de Valor de cada setor são diferentes umas das outras; no varejo, por exemplo, pode-se citar como atividades-fim compras, produto e marketing, e como atividade-meio recursos humanos, sistemas, segurança e finanças.

A seguir, serão apresentados os principais conceitos e autores da literatura sobre o pilar dos 4Ps "Promoção" ou "Promoção de Vendas", no caso do varejo, e serão descritas algumas das ferramentas mais utilizadas pelos varejistas. Como o desconto é o maior atrativo da BF, será dada maior ênfase a essa ferramenta promocional. Nas seções posteriores se discorrerá sobre as atividades-fim mais importantes e críticas do varejista em relação às ações promocionais sazonais, que, segundo Mattar (2011) e Parente e Barki (2014), são: estratégia de precificação/desconto, previsão de vendas e planejamento de compras. Elas nos ajudarão a apresentar, segundo os nossos estudos, as práticas dos varejistas brasileiros em relação a essas atividades cruciais no contexto da Black Friday.

8. PROMOÇÃO DE VENDAS[4]

O elemento "Promoção" dos 4Ps de McCarthy refere-se ao modo como a estratégia de marketing se preocupa em informar, convencer e lembrar aos clientes sobre a marca e os produtos e serviços da organização ou, ainda, aumentar as vendas de determinado produto. Na visão de McCarthy (1997), as definições de preço e desconto são partes a serem trabalhadas dentro do elemento "Promoção de Vendas"

Em seu trabalho realizado sobre o comportamento do consumidor na BF nos Estados Unidos, Milavec (2012) afirmou que a promoção de vendas é um elemento-chave para se considerar na análise da BF.

Churchill e Peter (2013) definem a promoção de vendas como qualquer meio pessoal, ou impessoal, dirigido aos usuários finais (consumidores) ou aos intermediários (varejistas e atacadistas), usado para informar, convencer e lembrar os clientes sobre os produtos e os serviços para cumprir os objetivos de vendas da organização. Os autores acrescentam, ainda, que para cada segmento existem várias técnicas disponíveis e que cada uma pode causar impactos diferentes na equação do valor.

Para Ferracciù (1997), promoção de vendas implica em fomentar, ser a causa, dar impulso, fazer avançar, provocar, desenvolver, favorecer o caminho da execução da venda levando a concretizá--la. Las Casas (2013) afirma que a promoção de vendas é uma das ferramentas mercadológicas mais importantes para aplicação no varejo. Kotler (2012) a define objetivamente como um conjunto de

---

4 Capítulo extraído de minha dissertação de mestrado. GUERRA, A. A. C. *Black Friday no Brasil: efeitos dessa ferramenta promocional no varejo e práticas adotadas pelos varejistas*. São Paulo, 2016. Dissertação (Mestrado em Gestão de Negócios) — Fundação Instituto de Administração (FIA).

ferramentas de incentivos às compras, muitas vezes de curto prazo, projetada para o estímulo do consumo de forma rápida e na maior quantidade possível. Shimp (2002) complementa afirmando que a promoção de vendas é um conjunto de ações e recursos que pode gerar incentivo de compras, ser capaz de influenciar o comportamento do consumidor e é orientada às vendas de curto prazo. Parente e Barki (2014) ressaltam que os varejistas utilizam a promoção de vendas para atrair os consumidores para as suas lojas e motivá-los às compras. Yoo, Donthu e Lee (2000) contrapõem que as empresas com alta percepção de valor de sua marca gastam seus recursos de promoção de vendas para fortalecer a boa imagem dos serviços, os atributos físicos e a qualidade dos produtos da empresa, e não buscando vendas em curto prazo com cortes de preços.

Mattar (2011) acrescenta que a promoção de vendas é um estímulo adicional por tempo determinado utilizado no ponto de venda para incentivar o consumidor a comprar um produto tendo como objetivo principal aumentar as vendas em curto prazo, podendo ser empregado para eliminar estoques em excesso ou obsoletos. Levy, Weitz e Grewal (2013) e Balasescu (2014) afirmam que a promoção de vendas no varejo tem um papel fundamental ao atrair fluxo de potenciais compradores às lojas e converter visitantes em compradores.

Promover liquidações anuais, como é o caso da BF, é uma excelente forma de despertar o interesse do consumidor para ir às compras. Os varejistas se beneficiam da ampla divulgação da BF e da possibilidade do aumento de conversão de vendas devido ao alto tráfego.

Em estudo realizado por Chandon, Wansink e Laurent (2000), pôde-se verificar que os consumidores responderam muito bem às promoções de venda, especialmente em produtos considerados "utilitários", devido às experiências positivas que a promoção fornece, tais como poupar dinheiro ou a sensação de fazer uma compra inteligente. Na definição dos autores, produtos utilitários são aqueles que o consumidor compra usando mais a razão que a emoção. São geralmente produtos que se costuma comprar com alguma frequência, ou marcas que já estão fidelizadas junto ao consumidor, que raramente necessitam de apelo emocional ou experiência para se gerar desejo de compra. Já para Fogel e Thornton (2008), para que as promoções de vendas sejam mais efetivas, elas devem requerer o mínimo esforço de entendimento por parte do consumidor. Yoo, Donthu e Lee (2000) alertam que promoções com base apenas em benefícios monetários não trazem lealdade à marca, atendendo somente às necessidades econômicas momentâneas do consumidor.

9. PLANEJANDO UMA AÇÃO DE PROMOÇÃO DE VENDA OU LIQUIDAÇÃO

Planejar uma ação promocional ou uma liquidação pode parecer uma tarefa simples, mas não é. Algumas premissas básicas precisam ser levadas em consideração e, muitas vezes, o que vemos em geral no varejo é uma falta de atenção dos elementos cruciais de uma promoção de vendas ou liquidação. Não basta dar descontos e achar que vai funcionar, pois o desconto é apenas um dos componentes de uma liquidação.

Talvez a falta de atenção por parte dos varejistas a esses componentes básicos de uma ação promocional tenha sido um dos causadores de tanta polêmica ao redor da BF ao longo destes anos.

A seguir, compartilho com os leitores alguns dos pontos que aprendi por meio da minha experiência prática ao longo de mais de vinte anos no varejo e inspirado em tudo que já li e vivenciei sobre promoção de vendas. Eles são fruto da troca de informações nas palestras e com os amigos varejistas, e de estudos de autores brasileiros e internacionais do varejo e do marketing:

a. Em relação à estratégia de venda:
 - delimitar os objetivos da promoção de venda, quais indicadores se quer atingir;
 - definir o público-alvo;
 - definir o tema (se for o caso Black Friday, Saldão etc.);
 - criar mecânica (percentual de desconto, "Leve 3, pague 2", desconto progressivo);
 - determinar as táticas/ações operacionais.

b. Em relação aos produtos:
   - identificar os produtos utilitários e hedônicos no mix do varejista que podem ser usados para causar maior atratividade à liquidação;
   - identificar os produtos promotores de tráfego e os produtos promovidos, que complementam os promotores e o mix do varejista, oferecendo uma solução mais completa;
   - produtos que apresentem descontos (verdadeiros), boa atratividade e desejo de consumo e que tenham profundidade de estoque;
   - podem-se usar produtos de baixo giro e menos atratividade, mas é necessário tomar cuidado para não ofertar algo que não é tão atrativo como chamariz da ação; o ideal é que tenham descontos agressivos e estejam compondo a cesta de ofertas;
   - ação negociada/bancada pelo fornecedor (evitar intermediários) para se ter melhor rentabilidade;
   - produtos com valor de tíquete mais alto costumam dar melhor resultado, pois a percepção de "ganho financeiro" é maior; portanto, é sempre aconselhável ter alguns produtos de sonho de compra do consumidor em oferta. Muitas vezes, em liquidações, o consumidor obtém um produto que ele geralmente não consome, pois está acima das suas condições financeiras.

c. Em relação à comunicação e à ambientação:
   - comunicação chamativa e de fácil entendimento pelo consumidor, *merchandising* adequado (sugestão, pontos quentes, vitrines, acessibilidade, percurso do cliente, luminosidade);
   - atmosfera de compra (música, ambientação, aromas, uniformes), *layout* da loja, publicidade, tempo determinado da oferta e curto prazo (ideal de 3 a 5 dias);
   - uso de cores e expressões que tragam atratividade ao consumidor.

d. Em relação ao time de vendas:
   - equipe treinada, campanha disseminada, na "ponta da língua" de cada colaborador, desde o operador de caixa, ao vendedor e às equipes de suporte;
   - campanhas motivacionais costumam ajudar muito o time a "comprar a briga".

10. PRINCIPAIS FERRAMENTAS DE PROMOÇÃO DE VENDAS[5]

Kotler (2014) destaca a importância da etapa de planejamento da promoção de vendas, especialmente no que se refere ao estabelecimento dos objetivos a serem alcançados. A posterior escolha criteriosa das ferramentas de promoção de vendas mais adequadas a serem usadas para a busca do resultado almejado, de acordo com o segmento e o contexto da empresa é fundamental.

Blessa (2006) cita algumas ferramentas de promoção de vendas mais utilizadas no ponto de venda: vale-brinde, concursos/premiações, sorteios, "Leve 3, pague 2", promoção conjunta (duas ou mais empresas com produtos afins), brindes, produtos bônus, coleções/junte-troque, roletas, cupons, amostras, embalagens reutilizáveis, preços promocionais, distribuição de descontos.

De forma similar, Shimp (2002) e Mattar (2011) discorrem sobre algumas ferramentas de promoção de vendas: distribuição de amostras, brindes, diversos tipos de cupons, prêmios dentro e fora da embalagem, bônus de embalagem, reembolsos, concurso, sorteios e descontos.

O desconto é uma das principais ferramentas do elemento "Promoção de Vendas" do Composto de Marketing, e é de fácil entendimento e de grande apelo ao consumidor, como afirmam Garner (2002), Shimp (2002), Blessa (2006), Zenone e Buiaride (2005), Jaber e Goggins (2013). O estudo de Guerra, Nielsen e Olivo (2015) comprova que o desconto é a principal ferramenta de promoção de vendas usada por varejistas brasileiros.

Muitas vezes, nas minhas palestras sobre promoção de vendas e Black Friday, as pessoas perguntam: "Posso usar a ferramenta A, B ou C para substituir o desconto ou aumentar a opção dos clientes durante a BF?". Minha resposta é: "Sim, você pode, mas quanto menor o atrito e maior a facilidade de entendimento do consumidor melhor". O desconto direto oferece isso. Ao contrário, criar mecanismos ou direcionamento do cliente para ficar fazendo cálculos se uma determinada compra é vantajosa, ou não, dará maior chance de ele desistir. Black Friday é uma ação promocional fundamentada na escassez e baseada em descontos. Apesar de muitos acharam que é racional, na maior parte das vezes não é. Seu efeito principal é provocar venda por impulso e quanto mais o consumidor pensar, menos ele compra.

Desta forma, vamos destacar um capítulo só para falar da ferramenta de ação promocional chamada desconto.

11. DESCONTOS EM UM CURTO PERÍODO:
a grande atratividade da BF[6]

Fogel e Thornton (2008) afirmam que os consumidores seguramente preferem situações de compra que requerem pouco ou nenhum esforço, como "Pague 1, leve 2" ou os descontos diretos no produto. Os estudos realizados por Hardesty e Bearden (2003) mostram que as promoções de vendas, quando apresentadas percentualmente, são preferidas pelos consumidores, especialmente quando os descontos são superiores a 50%.

De forma similar, Garner (2002) afirma que as promoções de vendas, especificamente em relação a fortes cortes de preços, como desconto de 50% ou mais, podem ser uma forma de adquirir novos compradores. E, se repetidas em diversos momentos, podem "ensinar" os clientes a valorizar apenas a oferta, deixando a marca em segundo plano. Ainda segundo o autor, em um estágio mais avançado, poderá induzir a um vício de comprar somente produtos em promoção, porém, esse tipo de ação de curto prazo ajuda os varejistas a alcançar os objetivos de venda imediata.

Levy, Weitz e Grewal (2013) concordam que oferecer descontos com remarcações de preço agressivas pode trazer fluxo ao ponto de venda e, ainda, gerar vendas adicionais de outros itens de preço regular, artigos complementares aos produtos com alto porcentual de desconto. Shimp (2002) acrescenta que as promoções que geram vendas imediatas, ou aumento de tráfego, são as mais eficazes.

---

6 Capítulo extraído e adaptado de minha dissertação de mestrado. GUERRA, A. A. C. *Black Friday no Brasil: efeitos dessa ferramenta promocional no varejo e práticas adotadas pelos varejistas*. São Paulo, 2016. Dissertação (Mestrado em Gestão de Negócios) — Fundação Instituto de Administração (FIA).

Jaber e Goggins (2013) destacam que o desconto no preço oferece benefício econômico imediato ao comprador; além disso, pode gerar algum impacto nas crenças dos compradores em relação ao varejista, uma vez que tende a reforçar sentimentos e emoções positivas da relação à lembrança da marca.

Blessa (2006) afirma que, no varejo brasileiro, em 85% das vezes, as decisões de compra do consumidor acontecem na loja em contato com o produto, seja devido ao *merchandising* atrativo ou às ações de promoções de venda. Neste caso, eu entendo que produto bem sinalizado, com comunicação clara de decréscimo de preço, os famosos "DE R$ X, POR R$ Y", contribui para que a venda se concretize. O estudo realizado por Aydinli, Bertini e Lambrecht (2014) comprova que ao aplicar um desconto mais profundo em determinado produto, acelera-se a decisão de compra dos consumidores.

Segundo Cialdini (2006), a tática de oferecer número limitado de produtos e prazo, no caso da BF, por apenas um dia, é mais uma poderosa arma de influência e persuasão que o varejista pode usar para acelerar a decisão de compra do consumidor. Nagle, Hogan e Zale (2011) complementam que a política de limitação do tempo em promoções incentiva a experimentação pelo consumidor.

A pesquisa apresentada por Lennon, Johnson e Lee (2011), nos Estados Unidos, mostrou que as pessoas que gastavam seu tempo e seus esforços em planejar as compras na BF estavam mais propensas a tirar proveito dos descontos oferecidos pelos lojistas de forma impulsiva, gerada pelo prazer de comprar e de economizar. Desta forma, estavam mais propensas a fazer compras que não estavam planejadas ao longo do caminho.

Para você varejista e estudante, busquei elaborar uma fórmula resumida e de fácil entendimento sobre a aplicação da BF. Seria assim:

Black Friday = desconto (de preferência 50% ou mais) + sensação de escassez + curto período (3 a 4 dias) + comunicação clara de vantagem (Ex.: DE R$ 50,00 POR R$ 25,00)

Por outro lado, Kotler (2012) afirma que a porcentagem dos investimentos em promoção de vendas dentro do orçamento anual das empresas tem crescido nos últimos anos. Segundo ele, a repetição de realizações de promoções de vendas com a ferramenta de desconto pode saturar o mercado e tornar difícil "desacostumar" os consumidores aos descontos. Garner (2002) afirma ainda que essa ferramenta de promoção de vendas raramente ajuda a construir uma relação de longo prazo com a marca.

Yoo, Donthu e Lee (2000), em seu estudo sobre a relação dos elementos do Marketing Mix e do Valor da Marca nas compras, concluem que a promoção de vendas, particularmente em relação a cortes de preços, apesar de trazer resultado econômico no curto prazo, corrói o valor da marca ao longo do tempo. Um dos motivos, segundo Aaker (1998), é que é uma estratégia facilmente imitada e neutralizada.

Levy, Weitz e Grewal (2013) comentam sobre os varejistas buscarem apoio na indústria para promover suas vendas com margens compensadoras e reforçam que os fornecedores sabem da importância de serem parceiros dos varejistas que oferecerem ajuda financeira para cobrir as eventuais perdas das ações promocionais.

Além disso, altos níveis de desconto corroem a lucratividade e a margem bruta dos varejistas. Uma estratégia interessante para neutralizar a baixa rentabilidade ocasionada pelos descontos consiste em o varejista buscar compor seu mix de produtos com uma mescla de "produtos promotores e produtos promovidos" (Mattar, 2011). Segundo a definição do autor, os "produtos promotores" são aqueles que possuem margens baixas, mas que atraem grande tráfego de pessoas para a loja, ou seja, muito alinhados com a estratégia da BF. Já os "produtos promovidos" são os que possuem margens mais altas e, geralmente, são complementares aos promotores ou sinérgicos com o mix do varejista.

Mattar (2011) ainda complementa que os produtos com maior qualidade e tíquete mais alto têm margens mais altas e giro mais baixo. Parente e Barki (2014) acrescentam que dar um bom destaque na loja aos produtos com maiores níveis de lucratividade, diminuir os custos de compra e de operação (ganhos de escala, por exemplo) e ter um bom sistema de controle das demarcações são formas de os varejistas ampliarem sua margem bruta.

Bernardo, Dias e Lepsch (2016) afirmam que, apesar de ser menos lucrativo para a empresa, ao ofertar preços promocionais aplicando descontos, pode-se construir com os clientes fortes relações que os levem a adquirir também produtos vendidos sem desconto. Desta forma, a empresa busca aumentar sua lucratividade e conquistar novos clientes no longo prazo.

O Quadro 7, a seguir, apresenta um resumo dos principais aspectos positivos e negativos do desconto em preço como ferramenta de promoção de vendas.

Quadro 7 — Aspectos positivos e negativos da promoção de vendas por descontos

Aspectos positivos	Autores
São de fácil entendimento e de grande apelo ao consumidor	Garner (2002); Shimp (2002); Blessa (2006); Zenone e Buiaride (2005); Jaber e Goggins (2013).
Representam uma forma de conquistar novos compradores	Garner (2002)
Ajudam os varejistas a alcançar os objetivos de venda imediata	Garner (2002)
Podem trazer fluxo ao ponto de venda	Levy, Weitz e Grewal (2013)
Podem gerar vendas adicionais de outros itens de preço regular	Levy, Weitz e Grewal (2013)
Geram benefício econômico imediato ao comprador	Jaber e Goggins (2013)
Podem gerar algum impacto nas crenças dos compradores em relação ao varejista	Jaber e Goggins (2013)
Aceleram a decisão de compra dos consumidores	Aydinli, Bertini e Lambrecht (2014); Cialdini (2006)
Podem incentivar a experimentação pelo consumidor (quando em promoções de tempo limitado)	Nagle, Hogan e Zale (2011)
Podem gerar vendas por compra impulsiva	Lennon, Johnson e Lee (2011)

Aspectos negativos	Autores
Podem induzir a um vício de comprar somente produtos em promoção	Garner (2002)
Podem deixar a marca em segundo plano	Garner (2002)
Podem tornar difícil "desacostumar" os consumidores aos descontos	Kotler (2012)
Raramente ajudam a construir uma relação de longo prazo com a marca	Garner (2002)
Corroem o valor da marca ao longo do tempo	Yoo, Donthu e Lee (2000)
É uma estratégia facilmente imitada e neutralizada	Aaker (1998)

Reprodução de Guerra, Nielsen e Ghisi (2017).

12. ESTRATÉGIA DE PRECIFICAÇÃO NA BF[7]

Conforme afirmou McCarthy (1997), as definições de preço e de desconto são partes a serem trabalhadas dentro do elemento "Promoção de Vendas". Em um evento tão único e importante para os varejistas, como a BF, é necessário ter muita atenção e cuidado na definição da estratégia de precificação e do percentual de desconto de determinado produto. Definir a política de preço de uma empresa, de um produto ou de um grande evento promocional, como é a BF, é uma decisão estratégica da empresa, como definem Mattar (2011) e Parente e Barki (2014). Para Balasescu (2014), a estratégia de preços deve refletir os objetivos próprios da empresa e estar relacionada às metas de vendas e lucro.

Mattar (2011) e Levy, Weitz e Grewal (2013) discorrem sobre as diversas estratégias de precificação ou de adoção de percentual de descontos usadas pelos varejistas e que podem ser aplicadas na BF.

Segundo esses autores, existem duas principais estratégias usadas pelos varejistas, e ambas consideram o ambiente de mercado. Primeiramente, tem-se a estratégia voltada aos consumidores/clientes. De forma resumida, baseia-se na elasticidade do preço, de acordo com a sensibilidade de preço percebida pelo consumidor, medindo a disposição do consumidor a pagar, na medida em que o objetivo do varejista é maximizar os seus lucros; mas, para isso, é preciso ter conhecimento da elasticidade de cada produto.

Ocorre que essa estratégia deixa de levar em consideração o preço de seus competidores, que é justamente a segunda estratégia muito adotada pelos varejistas, ou seja, o preço do varejista vai variar de acordo com o preço ou o desconto oferecido pelos seus competidores. Os varejistas podem ajustar seu preço acima, abaixo ou de maneira equivalente à sua concorrência, estabelecendo-se de acordo com a posição estratégica de mercado pretendida. Para acompanhar essas variações, segundo os autores, é muito comum os varejistas investirem na utilização de *softwares* de coleta de dados que monitoram os preços e os descontos da concorrência.

Com a expansão dos canais digitais, incluindo suas ferramentas e aplicativos, Serrentino (2015) destaca a facilidade atual do consumidor de poder comparar os preços que os lojistas estão oferecendo, tornando ainda mais desafiante para o varejista a definição de seu preço e do percentual de desconto.

Outras estratégias adotadas pelos varejistas, segundo Mattar (2011) e Levy, Weitz e Grewal (2013), são:

a. estratégia de preço ou desconto com base em custo, na qual o varejista vai definir o preço ou desconto aplicado a partir do custo do produto;

b. estratégia de preço ou desconto baseada no ponto de equilíbrio. O varejista calcula o preço ou desconto a ser praticado, buscando a quantidade ideal mínima desejável a ser vendida para atingir o ponto de equilíbrio daquela oferta ou ação promocional;

c. estratégia de preço e desconto baseada no *markup*, para os casos em que o varejista determina o *markup* mínimo a ser adotado em suas ações promocionais. Nessa estratégia, categorias de produtos de *markup* maior podem permitir um percentual de desconto acima de outras categorias;

d. estratégia de preço e desconto com base no giro de estoque (produtos obsoletos, excesso de estoque, fora de linha etc.). É a forma usada pelos varejistas para promover produtos que apresentam giro baixo, aceitando até mesmo vender com margens muito baixas ou negativas. Mattar (2011) complementa que os produtos com maior qualidade e tíquete maior têm margens mais altas e giro mais baixo;

e. estratégia de preço e desconto baseada nas parcerias com os fornecedores. Nesse tipo de estratégia os fabricantes custeiam

financeiramente ou aplicam incentivos para que o varejista aplique o percentual de desconto para promover a venda de seus produtos aos consumidores;
f. estratégia de preços de liquidações/eventos especiais. É aquela com o objetivo de gerar ou aproveitar o alto fluxo na loja, recompor o capital de giro, desovar estoques parados ou obsoletos por meio de preços fora dos padrões normais.

Balasescu (2014) conclui que, cada vez mais, a estratégia de preços das empresas se baseia em oferecer aos clientes maior valor percebido por uma menor quantidade de dinheiro gasto nos últimos anos, e continuará a se desenvolver dessa forma, seja pela concorrência, seja pelo aumento do grau de exigência dos clientes.

13. PLANEJAMENTO DE COMPRAS E PREVISÃO DE VENDAS NA BF[8]

O planejamento, sem dúvida, é uma parte muito importante para qualquer tipo de negócio, ainda mais para um negócio que depende de tantos detalhes como o varejo. O planejamento de compras é uma das atividades mais importantes e críticas do varejo segundo Mattar (2011) e Parente e Barki (2014). Sobre o planejamento de compras, Parente e Barki (2014) complementam que, para o varejista comprar os produtos certos na hora exata e na quantidade ideal, é necessário realizar um planejamento periódico e bastante preciso.

A previsão de vendas é uma etapa que antecede o planejamento de compras, continuam Parente e Barki (2014), e ela deve se realizar com uma abordagem genérica para toda a organização e de forma específica para produtos/linhas de produtos *clusters* de loja. E é ainda mais específica e apurada, acrescenta Mattar (2011), nas situações de vendas sazonais, como é o caso da BF, pois uma ação promocional que não apresente uma seleção de produtos atrativos (produtos certos) ou estoque suficiente (quantidade ideal) poderá se tornar um fracasso.

Devido aos desafios da variação do cenário político e econômico (impostos, leis, reajuste salariais, juros, taxa de câmbio, taxas de importação), a previsão de vendas para os eventos sazonais, como é o caso da BF, é ainda mais complexa no Brasil, segundo Parente e Barki (2014). Apesar dessas irregularidades, os autores recomendam que, para mitigar os riscos de grandes erros de compras, a previsão de vendas deve ser elaborada com base no histórico do mesmo período dos anos anteriores, fazendo-se tanto em unidade monetária como em unidades físicas.

Nos estudos sobre a BF realizados por Milavec (2012), Simpson et al. (2011), Logan (2014) e Kwon e Brinthaupt (2015), relata-se que os varejistas que têm preocupação com um planejamento de compras adequado aos desejos dos clientes (produto certo) são mais bem-sucedidos. Manter uma quantidade de estoque alinhada com a demanda (quantidade certa), combinado com uma boa oferta de produtos em promoção, com boa sinalização e precificação clara, tende a favorecer a sensação de um clima amistoso e confiável de consumo e, em consequência, alavanca um maior volume de vendas.

14. A BLACK FRIDAY, AFINAL, GERA VALOR PARA AS EMPRESAS E OS ACIONISTAS?

No ano de 2015, quando eu ainda estava cursando o mestrado profissional, estávamos estudando as formas de se realizar *valuation* das empresas em uma aula de finanças. No bolo das discussões em aula, surgiu um questionamento ao professor, que, sabendo que a BF era meu tema de pesquisa no mestrado, instigou-nos: "Afinal de contas, a Black Friday gera valor para as empresas de varejo brasileiras e para os seus acionistas?".

Então, os colegas Marcelo Silva e Sérgio Granado (dois grandes profissionais da área financeira) e eu começamos a refletir se, além de grandes volumes de vendas, notícias na mídia e muitas controvérsias, a Black Friday gerava valor para as empresas brasileiras de varejo. Ao menos, aquelas listadas na Bolsa de Valores de São Paulo.

Apesar de iniciarmos essa pesquisa dentro da sala de aula com a intenção de escrever um artigo, nunca o finalizamos ou apresentamos o projeto em congressos ou revistas científicas. Achei que valia a pena trazer um pouco da ideia do nosso trabalho desenvolvido em sala de aula e fazer junto ao leitor essa reflexão sob a ótica do mercado de capitais.

Seguindo com o objetivo de nossa investigação, sob uma ótica financeira, queríamos responder àquela pergunta. Em termos mais técnicos, buscávamos, nesse estudo, identificar a possível influência da BF no retorno anormal do valor das ações das empresas varejistas brasileiras, antes e depois da sua realização.

Foram investigadas treze empresas do setor varejista negociadas na então BM&FBovespa (Lojas Americanas, B2W, Lojas Renner, Le

Lis Blanc, Lojas Marisa, Via Varejo, Arezzo, Magazine Luiza, Natura, Hering, Grupo Pão de Açúcar, Riachuelo e Livraria Saraiva) durante o intervalo de tempo de 2010 a 2015.

Tomamos como base a data exata em que ocorreu a BF em cada ano respectivo, utilizando o método científico chamado de "estudos de eventos", que nos foi sugerido em sala de aula pelo nosso professor Rodolfo Olivo, que é um grande conhecedor de finanças corporativas.

Esta metodologia está fundamentada na Hipótese do Mercado Eficiente (HME), desenvolvida por Fama et al. (1969) e ratificada por outros pesquisadores.

Acreditávamos que seria um estudo relevante do ponto de vista acadêmico e prático. O resultado encontrado, possivelmente, nos permitiria demonstrar se existia impacto econômico da BF no valor de uma empresa, utilizando, como premissa, a comparação dos preços das ações em um intervalo curto de tempo em relação à sua ocorrência.

Um estudo de eventos pode ser descrito como um método que observa a variação de dados quando levados à marcação de mercado, mensurando o impacto econômico de um evento específico no valor de uma empresa. Como premissa, utilizamos a comparação dos preços das ações em um intervalo curto de tempo em relação à sua ocorrência, como sugere Mackinlay (1997). O autor afirma que, a partir de dados disponíveis no mercado, como os preços das ações negociadas em Bolsa de Valores, é possível mensurar o impacto econômico de um determinado evento no valor de uma empresa em um período de tempo curto em relação à sua ocorrência.

Um determinado evento, geralmente, causa impacto em uma parcela ou categoria de empresas, segundo Campbell, Lo e Mackinlay (1997). É o que se imagina que ocorra no caso da BF, que dificilmente causará efeitos em empresas de setores diferentes do varejo.

Uma série de informações, acontecimentos, notícias e até mesmo especulação podem impactar o preço de uma empresa, grupo ou determinada categoria. Porém, segundo Perobelli e Ness Jr. (2000), apenas informações de livre acesso, inéditas e não antecipadas têm algum impacto sobre o preço futuro da ação no estudo de eventos, sendo que todas as demais compõem o conjunto de informações relevantes que já devem estar devidamente incorporadas ao preço atual.

Dessa forma, partimos da hipótese de encontrar evidências de que um evento externo de alto impacto comercial, como a BF, possa causar expectativas no mercado às vésperas de sua realização.

O período que analisamos na época compreendeu o intervalo de 2010 a 2015, sempre considerando a última sexta-feira do mês de novembro, conforme o Quadro 8.

Quadro 8 — Datas de realização da BF

Ano	Data da Black Friday
2010	26/11/2010
2011	25/11/2011
2012	23/11/2012
2013	29/11/2013
2014	28/11/2014
2015	27/11/2015

Elaborado pelo autor.

Segundo Camargos e Barbosa (2003), a janela do evento, ou seja, o intervalo de tempo entre "antes" e "depois", é o que define a possibilidade de existir ou não influência no preço das ações decorrente do evento. A data "zero", compreendida como a data exata da realização da BF (Quadro 8), é determinada pelo pesquisador e pode envolver certo grau de subjetividade e arbitrariedade e também depende da particularidade do evento estudado e dos objetivos almejados.

A recomendação para se determinar esse intervalo, segundo os autores, é que essa janela englobe períodos considerados relevantes para a verificação de anormalidades no comportamento dos preços, mas que não podem ser muito extensos para não se sobrepor a outros supostos eventos relevantes.

A determinação do intervalo foi feita levando em consideração o calendário de ações promocionais do varejo brasileiro. Antes do evento da BF há o Dia das Crianças, em 12 de outubro e, depois da

BF, há o Natal, em 25 de dezembro. Com essas informações, a determinação da quantidade de dias úteis para antes e depois do evento busca prevenir a influência das duas datas comerciais para tentar apurar apenas o resultado referente à Black Friday.

Dessa forma, definiu-se o intervalo da janela entre 20 dias úteis antes da BF, findando um pouco depois do Dia das Crianças, e 16 dias úteis depois da BF, antecedendo em alguns dias a semana da véspera de Natal. Nesse intervalo foram estudados os retornos dos preços das ações das empresas escolhidas.

Buscou-se, então, avaliar se o evento BF influenciaria alguma alteração nos preços das ações e, consequentemente, uma determinada reação dos investidores às expectativas de vendas ou à divulgação dos resultados de faturamento de um varejista com papéis na então BM&FBovespa.

O que pudemos verificar ao analisar aquele montante de dados é que, de fato, boa parte dessas empresas, ao chegar mais perto da BF e do Natal, apresentou valorização nos preços das ações. No Gráfico 1, ao analisar os dados da época (2015) das ações das empresas varejistas que tiveram ações negociadas na Bolsa de Valores de São Paulo, pode-se observar essa curva bem aparente na maioria das empresas durante a BF e 16 dias úteis depois, já bem perto da semana do Natal.

Gráfico 1
Variação do preço da ação, período BF de 2015

Reprodução de Guerra, Nielsen, Olivo, Granado e Silva (2015).

Apesar de ainda necessitar de um aprofundamento e de uma atualização dos dados, esse trabalho, nascido na sala de aula, mostra uma forte evidência de que a BF pode influenciar os preços e alguns retornos de algumas ações. Mesmo não finalizado ou publicado nosso estudo, considero que foi um sinal e um estímulo importante que recebi naquela época para que eu continuasse a estudar e ampliasse ainda mais o conhecimento sobre a BF.

15. COMO É A BF PARA O VAREJISTA BRASILEIRO:
aspectos positivos, negativos e atividades relacionadas com preparação e planejamento para o evento[9]

Ao longo desses quatro anos, eu trabalhei em muitos estudos com varejistas e consumidores sobre a Black Friday brasileira. Neste capítulo, vou mostrar os estudos feitos com os varejistas brasileiros. Para o desenvolvimento dessa pesquisa durante os anos de 2015 e 2016, foram adotadas duas etapas: 1) pesquisa exploratória com seis varejistas e dois especialistas (2015); 2) pesquisa qualitativa, baseada em estudos multicasos com doze varejistas (2016) — ambas são detalhadas na sequência. A seguir, apresenta-se o objetivo de cada etapa, uma introdução da metodologia usada, uma breve descrição das unidades de análise das empresas e dos especialistas entrevistados e os resultados de cada fase. Esses resultados formaram importante conteúdo de base para a continuidade de meus estudos e inspiração para escrever artigos e ministrar palestras.

15.1 Etapa 1 — Pesquisa exploratória com especialista e varejistas

Para um diagnóstico focado no problema principal, foi realizada uma pesquisa exploratória que ajudasse a construir conhecimento para a compreensão do tema e para subsidiar a análise posterior dos dados coletados na fase 2. Sampieri, Collado e Lúcio (2013) argumentam que os estudos exploratórios são indicados quando o objetivo é examinar um problema ainda pouco estudado. Na fase exploratória de uma pesquisa, Gil (2014) expõe que o principal objetivo é determinar o campo de investigação de estudo e se familiarizar com o assunto pesquisado. Com o objetivo de identificar as informações relevantes para formatar a questão de pesquisa e os demais desdobramentos, foram realizados um estudo multicaso junto aos varejistas de seis empresas de segmentos diferentes e entrevistas com dois especialistas no tema Black Friday. A utilização de múltiplas fontes de evidência constitui um importante recurso em pesquisas exploratórias para conferir significância aos seus resultados e validar o constructo, segundo Yin (2010) e Gray (2012).

Andrade e Amboni (2010) afirmam que a adoção do método de opinião de especialistas deve ser realizada quando se busca informações e o modo de pensar de indivíduos com muita experiência sobre determinado assunto e quando não se tenha dados históricos disponíveis para a consulta. Gil (2014) recomenda a realização de entrevistas com pessoas que tiveram experiências práticas com o assunto e, desta forma, podem ajudar no entendimento do problema de pesquisa.

Foram entrevistados executivos (diretores e gerentes regionais de operações, diretores comerciais, superintendentes e responsáveis pelos departamentos de operações e/ou comercial) das seis empresas dos seguintes segmentos: material de construção; móveis e eletrônicos; livros, discos e produtos eletrônicos; shopping center; vestuário; loja de departamento de variedades — em duas categorias de faturamento (médio e grande). Os critérios para definição da faixa de faturamento foram: de grande porte (acima de 1 bilhão de reais de faturamento anual) e de médio porte (entre 100 milhões e 1 bilhão de reais de faturamento anual). Quanto aos especialistas, todos eram executivos do site www.blackfriday.com.br, que introduziu a BF no Brasil em 2010. Posteriormente às entrevistas, alguns contatos telefônicos extras e por correio eletrônico foram realizados para esclarecer eventuais dúvidas quanto às respostas.

A técnica de análise utilizada foi a análise de conteúdo, na forma qualitativa e por categorização temática de dados, de Bardin (1977). As entrevistas foram inicialmente transcritas na sua totalidade, depois se usou o *software* NVivo — ferramenta de análise de dados de pesquisa qualitativa — para apoiar a análise dos dados deste estudo.

Nas Figuras 1 e 2, podemos conhecer as expressões e as palavras mais mencionadas pelos varejistas e pelos especialistas na fase 1, que foi a base do questionário da pesquisa para a fase 2.

Figura 1— Expressões e palavras mais mencionadas pelos varejistas

Baixa credibilidade
Descontos
Alavancagem de vendas → **Varejistas** ← Antecipação das compras
Ganhos de escala
Planejamento
Baixa rentabilidade
Queda de faturamento Natal
Preparação
Represamento de vendas

Elaborada pelo autor.

Figura 2 — Expressões e palavras mais lembradas pelos especialistas

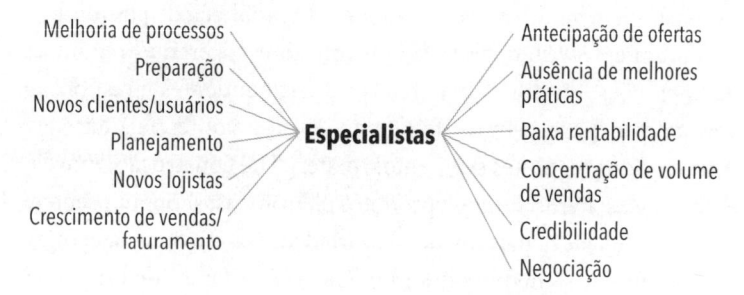

Melhoria de processos
Preparação
Novos clientes/usuários
Planejamento → **Especialistas** ← Antecipação de ofertas
Ausência de melhores práticas
Baixa rentabilidade
Concentração de volume de vendas
Novos lojistas
Crescimento de vendas/ faturamento
Credibilidade
Negociação

Elaborada pelo autor.

Ao triangular as respostas dos seis varejistas de diferentes segmentos com as respostas dos dois especialistas do www.blackfriday.com.br, é possível perceber algumas congruências de ideias e percepções similares. Todos comentam sobre os **efeitos positivos**, como **alavancagem de vendas, ganhos de escala e novos clientes**, e os **efeitos negativos**, como **a concentração de vendas e de atividades em um único dia, o represamento de vendas, a queda de fluxo até o Natal, a baixa rentabilidade** e, por fim, **os problemas de credi-**

bilidade/confiança. Algumas palavras e expressões se repetem em todos os casos, como **planejamento, negociação, ganho de escala, crescimento de vendas, preparação** e **descontos**; portanto, pode-se dizer que essas palavras e expressões são a essência da BF para os varejistas e especialistas, ou seja, aquilo que melhor representa para os entrevistados, e que de alguma forma compõe a base para a realização do evento. A Figura 3 foi elaborada a partir do *software* NVivo e ilustra uma nuvem com as palavras e as expressões mais citadas por varejistas e especialistas.

Figura 3 — Aspectos positivos e negativos mais lembrados por varejistas e especialistas

efeitos positivos: alavancagem, clientes, ganhos, escala, novos, vendas

efeitos negativos: credibilidade, concentração, baixa, atividades, rentabilidade, vendas, problemas

Elaborada pelo autor a partir do *software* NVivo.

Os resultados da primeira etapa foram cruciais para se entender muito sobre universo da BF no Brasil. As respostas dos entrevistados mostraram que os varejistas brasileiros encontram, além de benefícios na ação promocional, também situações consideradas negativas para as empresas.

15.2 Etapa 2 — Pesquisa qualitativa, baseada em estudo multicaso com doze empresas

Os dados da fase 1 foram analisados de modo a fornecer subsídios para o roteiro de entrevistas da fase 2. Os resultados desses questionários estão aqui categorizados em dois grandes blocos: 1) pontos positivos e pontos negativos da BF e 2) preparação e planejamento das atividades da empresa para a BF.

Para a realização da etapa qualitativa, foi elaborado um questionário semiestruturado com base nas informações coletadas em pesquisa bibliográfica e na fase exploratória com os executivos e especialistas pesquisados. De acordo com Bryman (1989), a partir da formulação do questionário, a pesquisa começa a sair do "geral" especificando o assunto a ser pesquisado. Ao contrário da pesquisa quantitativa, a qualitativa não procura enumerar ou medir eventos estudados nem emprega procedimentos estatísticos na análise dos dados. Envolve a obtenção de dados descritivos sobre pessoas, lugares e processos interativos, pelo contato direto do pesquisador com a situação estudada, visando à compreensão dos fenômenos, com base na perspectiva dos sujeitos do estudo, como afirmam Strauss e Corbin (1990) e Godoy (1995). A pesquisa qualitativa possibilita a captação das opiniões e perspectivas dos indivíduos, informações mais difíceis de serem obtidas por uma pesquisa quantitativa.

Nesta fase, foram pesquisadas com os varejistas as suas ações para potencializar os aspectos positivos e mitigar os aspectos negativos achados resultantes da fase 1, assim como registrar as ações dos entrevistados nas suas empresas em relação à preparação e ao planejamento para a ação comercial.

Os estudos qualitativos são uma poderosa fonte de análise, com os dados coletados em um contexto natural de situações reais, em determinadas vezes no decorrer de longos períodos, como afirma Gray (2012). Além disso, apresentam-se como uma opção adequada em situações em que se conhece pouco sobre o assunto a ser estudado, ou então, para proporcionar novas óticas de temas já conhecidos, dizem Strauss e Corbin (1990) e Gray (2012).

Ghauri e Gronhaug (1995), assim como Creswell (2010), afirmam que a pesquisa qualitativa é adequada em estudos de assuntos complexos, como o comportamento humano ou organizacional, permitindo ao pesquisador obter informações mais detalhadas. Em face dos objetivos deste livro, que envolve a importância da BF no mercado varejista brasileiro, a pesquisa qualitativa se mostrou o caminho mais adequado para a obtenção dos dados.

De acordo com Godoy (1995), a abordagem qualitativa pode ser conduzida por diferentes caminhos, sendo três bastante utilizados no campo da administração: a pesquisa documental, o estudo de caso e a etnografia. Considerando o propósito deste estudo, destacou-se a importância da realização do estudo multicaso, para analisar detalhadamente alguns varejistas e sua percepção quanto à BF.

Assim como na etapa 1 deste trabalho, buscou-se escolher empresas consideradas referências nos segmentos em que atuam e de grande representatividade em seus mercados.

Foram pesquisadas doze empresas de diferentes segmentos: móveis e eletrodomésticos; livros, discos, papelaria; vestuário; eletrônicos, lojas de departamentos; hipermercados; produtos de tecnologia; utilidades domésticas; artigos esportivos e calçados. Contatos telefônicos adicionais com os executivos das empresas foram realizados para esclarecer eventuais dúvidas quanto às respostas. Segundo afirma Eisenhardt (1989), quatro a dez unidades de análise parecem ser suficientes para um estudo multicaso.

Os doze casos foram escolhidos para buscar refletir homogeneidade, uma vez que, ao apresentar certa diversidade de segmentos, o resultado da pesquisa será fortalecido, explica Eisenhardt (1989).

Segundo Yin (2010), o estudo de caso é adequado em problemas de pesquisa do tipo "como" e "por que", quando o pesquisador tem pouco controle sobre os acontecimentos e quando o foco se encontra em fenômenos contemporâneos inseridos em algum contexto da vida real; além disso, o estudo de caso examina de forma mais densa o problema pesquisado e trabalha com uma grande diversidade de evidências. Gil (2010) acrescenta que o estudo de caso é mais usado em estudos exploratórios e descritivos, mas também tem bastante relevância para fornecer respostas relativas a causas de determinados fenômenos. Tais afirmações estão alinhadas com o propósito deste estudo.

Para Triviños (1987), o estudo multicaso é uma ampliação do estudo de caso, utilizando várias fontes de evidências, fato que permite aprofundar os conhecimentos sobre determinada realidade.

É particularmente aplicável, segundo Yin (2010), quando se deseja obter generalizações analíticas, e não estatísticas, que possam contribuir para certo referencial teórico que precisa de consolidação e/ou aperfeiçoamento. Bruyne, Herman e Schoutheete (1991) ainda reforçam que esse tipo de estudo pode ter um objetivo prático e utilitário, por realizar um diagnóstico ou uma avaliação de determinado fenômeno.

Uma vez definida e justificada a escolha da metodologia e das empresas a serem estudadas, partimos, então, para a análise dos dados coletados nessa fase, a partir dos achados da primeira etapa. A seguir, serão exploradas as práticas dos varejistas para potencializar os aspectos positivos e mitigar os aspectos negativos e, posteriormente, conheceremos as ações declaradas de preparação e planejamento dos doze varejistas. Como o assunto ainda não foi muito explorado, com uma grande amplidão e diversos recortes possíveis, não se pretendeu aqui qualificar as práticas, tampouco determinar quais as mais comuns, apenas limitou-se a conhecer quais são essas práticas.

A seguir é apresentada a discussão sobre os pontos declarados pelos varejistas em relação às suas práticas para potencializar os três aspectos positivos encontrados na fase 1.

a. **Na alavancagem de vendas**, há escalas e treinamento dos times; boa seleção de produtos em boa quantidade; deve-se ter pelo menos um produto "boi de piranha" e acompanhar tendência econômica em forma de pagamento e tíquete; sistemas em pleno funcionamento; divulgação (mídia) maior; parcerias com fornecedores; produtos exclusivos.

b. **Novos clientes:** deve-se apresentar boa diversidade de produtos para cativar o cliente, para que ele faça uma nova visita; prezar pelo bom atendimento; oferecer *voucher* de desconto para a próxima compra; realizar cadastro completo do cliente; trabalhar CRM e BI, ofertas direcionadas, e-mail marketing, mala direta, redes sociais; envio frequente de promoções, lançamentos e sugestões de compras; ações utilizando cartão de crédito próprio da loja.

c. **Em ganhos de escala**, acontecem negociações específicas com fornecedores (VPC, rebate); são promovidos produtos de baixo giro e "bois de piranha"; há aquisição de grandes lotes; custeio por parte dos fornecedores em peças; mídias impressas e TV; no prazo de pagamento; na contratação de funcionários extras.

A seguir estão as práticas relatadas para os cinco aspectos negativos.

a. **Para atender à alta concentração de clientes:**
   - estratégia bem definida de produtos atrativos;
   - reforço de estoque;
   - treinar e comunicar bem as equipes sobre as estratégias;
   - preparar a loja nos dias anteriores ao evento (abastecimento, etiquetas, orientação para atendimento objetivo);
   - garantir que os sistemas suportem os volumes negociados;
   - 100% do quadro disponível;
   - folgas antecipadas;
   - aumento de segurança e promotores de fornecedores;
   - contratar temporários;
   - *backoffice* [retaguarda] de plantão e apoiando as equipes de venda;
   - atenção ao fluxo e ao percurso do cliente;
   - reposição constante de produtos, atenção às filas dos caixas;
   - planos de contingência com as operadoras de cartões.

b. **Melhorar os baixos níveis de margem:**
   - buscar suporte de margem com os fornecedores;
   - mesclar as promoções (produtos em promoção e produtos com margem cheia);
   - aumentar a visibilidade de novos produtos/coleções;
   - promover os produtos complementares aos de promoção e aos lançamentos;

- ancorar com produtos de tíquete maior com mais rentabilidade;
- ofertar as vantagens adicionais como garantias, seguros, programas de troca;
- ter produtos de tíquete baixo com margem cheia;
- promover categorias promotoras de margem;
- direcionar o consumo para marcas mais rentáveis;
- no percurso do cliente colocar produtos de conveniência e convivência (venda por impulso);
- focar o aumento do lucro bruto e a diluição dos custos fixos.

c. **Represamento de vendas nos dias que antecedem ao evento:**
   - antecipação de ofertas com preços agressivos;
   - parceria com fornecedores;
   - ativar e comunicar com base de clientes;
   - maior autonomia de cobertura de preços da concorrência, eventos, experiências;
   - lançamento de produtos/coleções;
   - foco no atendimento diferenciado.

d. **Queda do fluxo até o Natal:**
   - ações exclusivas;
   - manter alguns itens promocionais da BF;
   - aproveitar a mídia da indústria de novos produtos lançados depois da BF;
   - sugestões de presentes de Natal;
   - ações especificamente para o público da base;
   - campanha de elasticidade de prazo de pagamento;
   - campanhas que não sejam de queda de preço;
   - gasto com mídia;
   - incentivos e sorteios para atrair os consumidores.

e. **Desconfiança dos consumidores em relação às ofertas falsas de descontos:**
   - colaboração com o Procon;

- denunciar lojas duvidosas;
- garantir a transparência com os clientes;
- comunicação clara das ações;
- criar confiança entre marca/cliente;
- políticas claras de preço;
- realizar promoções/descontos reais e verdadeiros.

Agora, no bloco 2, serão analisadas as atividades dos varejistas no que diz respeito à preparação e ao planejamento para a BF. Foram consideradas práticas desde a elaboração da previsão de vendas até o planejamento, vistas estratégicas e críticas, seguindo as considerações de Mattar (2011) e Parente e Barki (2014), passando por precificação dos produtos em loja. Esse item foi destacado como crucial para a efetivação das ações promocionais por Mattar (2011) e Levy, Weitz e Grewal (2013), respectivamente. Por fim, destacam-se a definição de *merchandising* e a exposição de produtos em loja, uma vez que, segundo Blessa (2006), 85% das decisões de compra do consumidor acontecem na loja em contato com o produto devido ao *merchandising* atrativo ou às ações de promoções de venda. Aydinli, Bertini e Lambrecht (2014) afirmam que a decisão de compra dos consumidores em ações promocionais é acelerada por meio de uma boa sinalização de descontos.

A seguir, são elencadas as práticas declaradas pelos varejistas correspondentes à preparação e ao planejamento para a BF.

a. **Elaboração da previsão de vendas:** baseada no histórico dos anos anteriores, considera as variáveis e as tendências do contexto atual, a partir de pesquisas de mercado prévias.

b. **Planejamento de compras:** criação de um comitê das áreas-chave, de forma colaborativa com a indústria, aumentando o giro de estoques em um terço. O período de antecedência de planejamento variou de 2 a 12 meses.

c. **Precificação/definição de portfólio de ofertas/percentual de descontos:** descontos concentrados nos produtos de tíquete mais alto, estoque sem giro, sugestões de produtos do departamento de vendas e das lojas, informações/sugestões da indústria, produtos exclusivos. Sempre de olho na elasticidade do preço dos produtos no ano vigente para aplicar o desconto, com ofertas definidas de acordo com os produtos mais vendidos de cada categoria.

d. **Definição de *merchandising* e exposição de produtos em loja:** comunicação visual alinhada com a BF (cartaz de preço, etiquetas, uniforme da equipe de vendas). Destaque para os produtos em promoção; marcas mais desejadas pelos consumidores têm prioridade nos pontos mais quentes. Ainda, um ou dois dias antes da promoção, utilização da tática de cobrir de preto pilhas de produtos para criar expectativa, além do reposicionamento de produtos-chave em sinergia com o percurso do cliente.

16. PRINCIPAIS NOTÍCIAS NA MÍDIA E ARTIGOS ACADÊMICOS

Com mais de setenta citações e matérias na imprensa, entre elas entrevistas e participações em programas de rádio e TV, somadas a cinco publicações de conteúdo acadêmico (capítulo de livro, artigos científicos e dissertação), sempre busquei ao longo desses anos de estudo da BF gerar conteúdo de qualidade para varejistas, consumidores e acadêmicos e, sobretudo, aprender mais com cada interação, seja uma apresentação, uma palestra, uma visita ao varejo ou até mesmo uma entrevista.

Selecionei a seguir as principais matérias em que tive a satisfação de dar entrevista ou nas quais meus estudos são citados como referência à Black Friday.

2018 e 2019

Infomoney: "Entenda como a Black Friday pode afetar o mercado de fundos imobiliário".

E-Commerce Brasil: "Um balanço da Black Friday 2018".

E-Commerce Brasil: "Black Friday: especialistas e varejistas dão dicas em evento do Núcleo de Varejo da ESPM".

Escola Superior de Propaganda e Marketing (ESPM): "Especialista e convidados discutem sobre a Black Friday e ações de final de ano".

Fundação Instituto de Administração (FIA), palestra: "Black Friday: prepare-se melhor para a maior ação promocional do ano".

Folha de S.Paulo: "Fazer promoção exige preparo para evitar prejuízo no estoque e na imagem".

Portal Terra: "Os principais efeitos gerados pela Black Friday no Brasil".

Revista O Lojista CDL Goiânia: "Foco, planejamento e comunicação para a BF".

2017

A Tarde — BA: "74% dos consumidores não acreditam nas promoções da Black Friday, diz pesquisa".

Diário do Comércio — MG: "Consumidores desconfiam da Black Friday".

E-Commerce Brasil: "Antes de falarmos sobre uma nova data para a Black Friday no Brasil".

E-Commerce Brasil: "Black Friday não atrapalha vendas de Natal".

Estadão: "74% dos consumidores não acreditam nas promoções da Black Friday, diz pesquisa".

Folha de Londrina — PR: "Consumidores não acreditam em Black Friday".

GS Notícias: "Vendas da Black Friday vão crescer até 20%".

IstoÉ Dinheiro: "74% dos consumidores não acreditam nas promoções da Black Friday, diz pesquisa".

JC NE: "Pesquisa revela baixa credibilidade da Black Friday com produtos que não entram em promoção nos EUA".

Jornal do Commercio — PE: "Estoques são ampliados para a Black Friday".

Jornal do Comércio — RS: "Vendas da Black Friday vão crescer até 20%".

O Tempo — MG: "Golpes usam Natal e Black Friday para roubar seus dados".

Portal no Ar — RN: "Aproveite a Black Friday para adiantar as compras de Natal".

Portal R7: "74% dos consumidores não acreditam nas promoções da Black Friday, diz pesquisa".

2016

Jornal da Globo: "Dobra o número de produtos com descontos na Black Friday do Brasil".

Programa JC Debate ao Vivo TV Cultura: "Black Friday 2016".

Rádio CBN: "Pesquisa da FIA revela vantagens e desvantagens da Black Friday para o varejista brasileiro".

Publicações de artigos científicos

"A importância da Black Friday no calendário promocional do varejo brasileiro". Congresso Latino-Americano de Varejo (CLAV), 2015.

"Aspectos benéficos e detratores da Black Friday no Brasil: um estudo sobre as práticas adotadas pelos varejistas". Congresso Latino-Americano de Varejo (CLAV), 2017.

"Black Friday no Brasil: aspectos positivos e negativos desta ação promocional para o varejo brasileiro". SemeAd, 2017.

"Black Friday como ferramenta de promoção de vendas: um estudo multicaso no varejo brasileiro". *Varejo competitivo*, vol. 20, 2016.

"Black Friday no Brasil: efeitos dessa ferramenta promocional no varejo e práticas adotadas pelos varejistas". Dissertação de mestrado. Fundação Instituto de Administração (FIA), 2016.

17. O QUE PENSAM OS CONSUMIDORES SOBRE A BLACK FRIDAY NO BRASIL

Em 2017, após a dissertação e os artigos escritos com foco na opinião dos varejistas em relação à Black Friday, percebi, nas palestras que ministrei e nos congressos dos quais participei, que muito se perguntava sobre como os consumidores viam a Black Friday. Desta forma, juntei-me novamente à querida professora Flávia Ghisi Nielsen e ao seu irmão Marcos Ghisi, doutor e professor, para estudarmos, de uma forma bem ampla, as escolhas e as expectativas dos consumidores brasileiros em relação à BF. Neste capítulo farei algumas análises e reproduzirei alguns dos dados dessa pesquisa, que, apesar de muito interessante, foi um questionário muito extenso, e acabamos não fazendo as análises do questionário e também não o concluímos para submeter à publicação nas revistas científicas.

Na época, decidimos partir de uma amostra inicial da nossa conveniência, contatos que fizéramos, e prosseguiu-se pelo método chamado *snowball*, em que os entrevistados indicavam outros respondentes a participar das entrevistas. Desta forma, atingiu-se, no período de 15 de junho a 10 de julho de 2017, o número de 751 respondentes, originários de 16 estados diferentes, representando todas as regiões do Brasil. A amostra é formada, predominantemente, por mulheres (58,2%), de idades entre 32 e 60 anos (75,3%), casadas (60,2%) e com filhos (56,4%). Foi elaborado um questionário com questões de múltipla escolha, realizado on-line por meio da plataforma Google Forms.

Esse estudo permitiu que tivéssemos uma ideia da proporção da amostra de aderentes e não aderentes à Black Friday, além de conhecer alguns dos rituais de planejamento e preparação, executados pelos consumidores respondentes, para as compras na ação da Black

Friday. Foi possível, também, avaliar alguns dos hábitos, as principais motivações e as preferências de compras e, por fim, entender as expectativas e as intenções de consumo desses consumidores em relação à BF na edição de 2017.

Alguns dos dados que podemos destacar e comentar a seguir:

Gráfico 2

Você já comprou alguma vez algum produto em oferta na Black Friday?

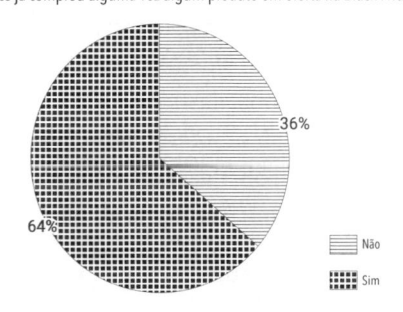

36%
64%
Não
Sim

Reprodução de Guerra, Nielsen e Ghisi (2017).

No Gráfico 2 (acima), observa-se que mais de um terço da amostra (36%) ainda não tinha efetuado compras na Black Friday. O dado é inédito e surpreendente e mostra todo o potencial ainda inexplorado, mesmo com o crescimento em faturamento acima de dois dígitos a cada edição, o que não ocorre com nenhuma outra data comercial do varejo, como Dia das Mães, Dia das Crianças ou Dia dos Pais.

A tendência é que, enquanto houver consumidores em potencial, o evento deve crescer; a cada edição nós iremos ver o número de aderentes aumentar e a propensão ao consumo subir, o que realmente se confirmou na edição de 2018 com o crescimento de 23% de faturamento no *e-commerce* em relação a 2017, segundo o Ebit (2018).

Muitos consumidores ainda estão aprendendo como lidar com a BF e tirar o melhor proveito da ação. Uma das maiores barreiras é a desconfiança de estarem sendo enganados, que faz parte do instinto natural de autopreservação e do medo do desconhecido. Soma-se isso aos repetidos anos com questionamentos e dúvidas sobre a veracidade de algumas ofertas de alguns lojistas mal-intencionados ou pouco preparados. Com o amadurecimento da ação no nosso país a cada ano, isso será naturalmente reduzido.

Outro indicador importante da força da ação da BF é que 74% dos clientes que pretendiam comprar declararam que, se encontrassem uma oferta inesperada/não planejada, pensariam a respeito, e, se achassem que a compra ou o produto fossem úteis, concretizariam a compra (Gráfico 3). Nós geralmente temos em mente a ideia de que fazemos as compras de forma racional, sobretudo nos casos de promoção, em que existe um ganho econômico, mas o que muitos estudiosos de comportamento do consumidor e de marketing, como Chandon et al. (2000), Jin et al. (2003), Lennon, Johnson e Lee (2011), e Kwon e Brinthaupt (2015), argumentam é que acontece justamente o contrário: fazemos mais compras com base nas nossas emoções. Nesse caso, as compras são feitas pelo prazer (hedonismo) de economizar, de fazer um bom negócio ou uma compra inteligente. Outro fator que induz o consumidor às compras é a possibilidade de ter acesso a um produto que o projete para um estágio acima do seu padrão de vida, como comprar uma TV grande, muitas vezes maior que a capacidade de sua sala ou, então, adquirir um viagem dos sonhos, ter um celular, um relógio ou um sapato que deem a impressão de poder e que projetem *status*.

Aliás, existe outro aspecto em relação a promoções de vendas que podemos interpretar a partir das respostas desses consumidores. Os seres humanos são competitivos e biologicamente programados para sobreviver. Isso advém das teorias da psicologia evolutiva que se baseiam no princípio da seleção natural de Charles Darwin. Para Barkow, Cosmides e Tooby (1992), competir para sobreviver vem da natureza humana. Muitos estudiosos como Aggarwal et al. (2011), Nichols (2012) e Peinkofer, Esper e Howlett (2016) abordam a questão da competição entre clientes em situações de promoção de vendas, como as da BF.

Na prática, conclui-se que, se existe um determinado produto/serviço que está sendo muito procurado, acessado, comprado pelos clientes, há a atração e a atenção de outros clientes que se sentem estimulados e encorajados a olhar/comprar também. E se o produto tiver o mínimo de atratividade vai ser "disputado", especialmente se houver uma situação aparente de escassez. Isso quer dizer que se sua loja estiver bem preparada, com ofertas realmente atrativas e, naturalmente, provocar a busca das pessoas pelos produtos, quanto maior a atenção dada pelos consumidores, mais irá estimular que outros clientes busquem por essas ofertas. Por isso, as pessoas vão comprar sem ter se planejado para essa compra.

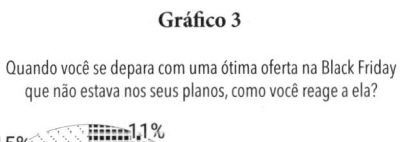

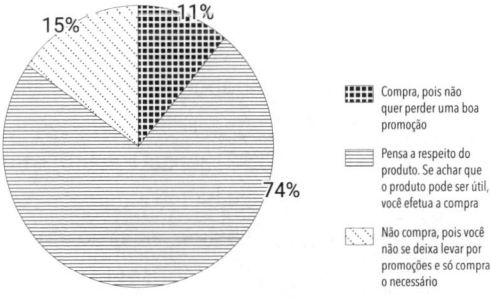

Gráfico 3

Quando você se depara com uma ótima oferta na Black Friday que não estava nos seus planos, como você reage a ela?

- 15%
- 11%
- 74%

Compra, pois não quer perder uma boa promoção

Pensa a respeito do produto. Se achar que o produto pode ser útil, você efetua a compra

Não compra, pois você não se deixa levar por promoções e só compra o necessário

Reprodução de Guerra, Nielsen e Ghisi (2017).

Outro fator que pode ser acrescentado aqui é a componente escassez, citada no parágrafo acima. Autores como Inmanet et al. (1997), Cialdini (2008), Aggarwal et al. (2011), Nagle, Hogan e Zale (2011), Pizzi e Scarpi (2013) e Peinkofer et al. (2015) descrevem a escassez como um fator de persuasão na aceleração da tomada de decisão do consumidor. Vale a pena refletir que o consumidor que é atraído por uma oportunidade de compra, ou pela busca do melhor produto, e não consegue atingir seus objetivos ficaria frustrado, e a não compra poderia gerar uma insatisfação ainda maior se não tivesse recebido esse estímulo da escassez, como afirmam Ma e Roese (2014) e Peinkofer, Esper e Howlett (2016).

Ou seja, se uma loja fizer uma grande promoção em determinado produto e disponibilizar uma quantidade em estoque baixa, pode gerar uma situação de descrédito, problemas com os clientes e insatisfações ainda maiores. Por isso, muito cuidado com o uso intencional dessa tática. Eu, particularmente, não indico.

Um ponto de atenção identificado na pesquisa (Gráfico 4): 69% dos consumidores acreditam que produtos fora de linha/obsoletos e os produtos de lançamento/novas coleções entram em promoções/descontos na BF.

Gráfico 4

Qual a sua opinião sobre os tipos de produtos que entram em promoções durante a Black Friday?

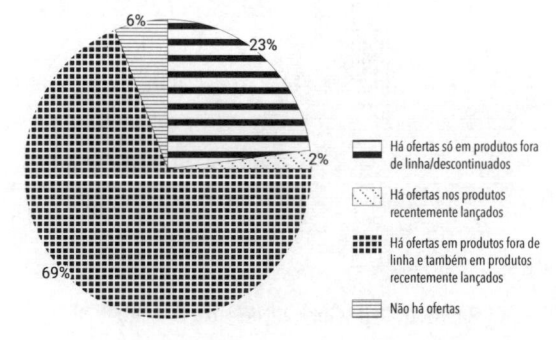

- 6% — Há ofertas só em produtos fora de linha/descontinuados
- 23% — Há ofertas nos produtos recentemente lançados
- 2% — Há ofertas em produtos fora de linha e também em produtos recentemente lançados
- 69% — Não há ofertas

Reprodução de Guerra, Nielsen e Ghisi (2017).

Esse pode ser o principal motivo de frustração por parte dos consumidores em relação à BF, já que ela é uma ação promocional originalmente de sobras de estoque e produtos de gerações/coleções anteriores. Produtos de lançamento normalmente não entram na promoção. O consumidor que vai às compras buscando esse tipo de produto muito provavelmente vai se frustrar, e isso pode contribuir para uma sensação de que o evento não apresenta vantagens reais, conforme poderemos constatar no quesito credibilidade, explorado a seguir.

Este provavelmente é o ponto mais crítico apontado pela pesquisa e exige muita atenção de todos os envolvidos no evento. A maioria dos consumidores que responderam, 74% (Gráfico 5), acredita que a menor parte das promoções é real, pois muitas são "maquiadas". Essa percepção negativa pode colocar em xeque a credibilidade da ação.

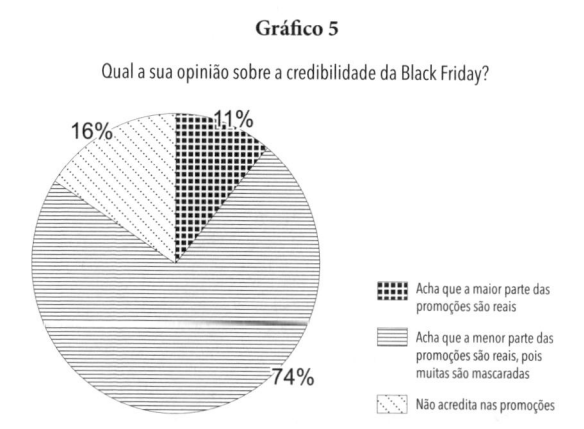

Gráfico 5
Qual a sua opinião sobre a credibilidade da Black Friday?

- 11% Acha que a maior parte das promoções são reais
- 74% Acha que a menor parte das promoções são reais, pois muitas são mascaradas
- 16% Não acredita nas promoções

Reprodução de Guerra, Nielsen e Ghisi (2017).

Muitas razões podem compor o descrédito por parte dos consumidores, mas isso, possivelmente, está fundamentalmente relacionado com o reflexo dos primeiros anos da promoção no Brasil, especialmente, nos anos de 2011 a 2013. Como é de conhecimento público, alguns varejistas começaram a aumentar o preço dos produtos nas semanas anteriores à data. A partir daí criou-se até o famoso apelido "Black Fraude", que consistia na ironia de "tudo pela metade do dobro do preço".

Com tanta polêmica e reclamações entre os consumidores, somados a reforços negativos das atitudes desonestas de parte dos varejistas, os órgãos de fiscalização passaram a ser mais presentes e efetivos na fiscalização com a punição de maus varejistas. Isso levou à busca pela profissionalização da gestão do varejo de grande parcela dos bons varejistas, que buscaram reverter essa imagem. No entanto, a pesquisa ainda aponta resquícios dessa imagem negativa. Os consumidores que declararam nunca ter comprado na

BF (36%, conforme Gráfico 2), em sua maioria, não o fizeram por falta de confiança nos descontos ou por julgarem que as ofertas eram pouco atrativas.

A pesquisa também investigou outros aspectos da relação dos consumidores com essa data promocional (Gráfico 6), como planejamento/preparação: 52% declararam que não se planejam para comprar na BF, 26% se planejam com antecedência de 2 a 15 dias, e 22%, entre 16 e 30 dias.

Gráfico 6

Você tem o costume de planejar com antecedência (pesquisa preços, guarda dinheiro) o que irá comprar na Black Friday?

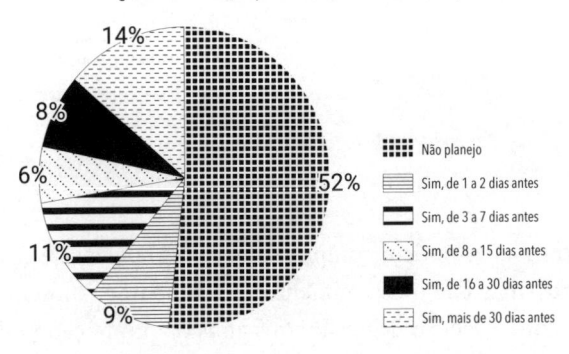

- 52% Não planejo
- 14% Sim, de 1 a 2 dias antes
- 8% Sim, de 3 a 7 dias antes
- 6% Sim, de 8 a 15 dias antes
- 11% Sim, de 16 a 30 dias antes
- 9% Sim, mais de 30 dias antes

Reprodução de Guerra, Nielsen e Ghisi (2017).

A data ainda é nova e culturalmente pouco conhecida. Devido à inflação dos anos 1980 e 1990, o brasileiro não é acostumado a se planejar e nem a guardar dinheiro. Particularmente, tenho a impressão de que os consumidores que obtiveram êxito nas compras da BF aprendem a cada ano, e nas experiências seguintes já se sentem familiarizados e preparam-se para a melhor compra. Desta forma, sentem-se mais seguros. Pesquisadoras como Moellere Wittkowski (2010) afirmam, a respeito da familiaridade das pessoas nas relações de consumo, que elas incorrem em riscos e custos de transações ao adquirir certo produto ou serviço, e podem relutar em fazê-lo na primeira vez porque não têm experiência. Após repetirem as transações, em outras oportunidades, quebram a barreira e isso pode se tornar, então, mais familiar.

Quanto aos hábitos de consumo, 73% afirmaram que não antecipam as compras de Natal na BF (Gráfico 7), o que sugere que os produtos comprados são para uso próprio ou de consumo frequente. Estudos realizados nos Estados Unidos por Swilley e Goldsmith (2013) comprovam que os consumidores respondem muito bem às promoções de venda, devido às experiências positivas que a promoção fornece, tais como poupar dinheiro ou a sensação de fazer uma compra inteligente. Os produtos de tíquete mais alto como eletrônicos, assim como vestuário e produtos utilitários (no Quadro 9 temos essas evidências) acabam por atrair o maior desejo dos consumidores. Os produtos utilitários são aqueles que o consumidor compra usando mais a razão que a emoção e os quais ele costuma comprar com alguma frequência e recorrência. Assim como em relação às marcas que já estão fidelizadas junto aos clientes e que dificilmente precisam de apelo emocional ou até mesmo qualquer tipo de experiência ou degustação para gerar desejo de compra.

Gráfico 7

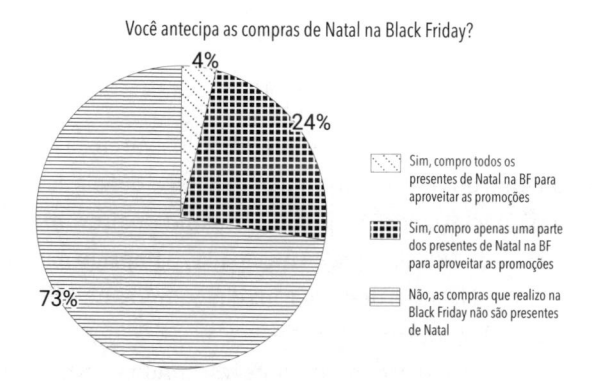

Você antecipa as compras de Natal na Black Friday?

- 4% — Sim, compro todos os presentes de Natal na BF para aproveitar as promoções
- 24% — Sim, compro apenas uma parte dos presentes de Natal na BF para aproveitar as promoções
- 73% — Não, as compras que realizo na Black Friday não são presentes de Natal

Reprodução de Guerra, Nielsen e Ghisi (2017).

Destaque para as categorias de maior desejo de compra pelos consumidores na BF 2017 (Quadro 9), que são: categorias de eletrônicos/eletroportáteis (40%) e produtos afins, seguidos por categorias de roupas e calçados (24,3% e 25,8%) e livros/discos/filmes (22%).

Quadro 9

Principais categorias de intenção de compra dos consumidores na Black Friday	
Eletrônicos portáteis	40,00%
Eletrônicos	29,30%
Eletrodomésticos	27,80%
Sapatos/tênis	25,80%
Roupas	24,30%
Livros/discos/filmes	22,00%
Cosméticos/perfumes	13,00%
Produtos da casa (UD)	11,60%
Artigos esportivos	10,40%
Outros	10,40%
Acessórios	6,40%
Tratamentos estéticos	5,50%
Joias	1,40%

Reprodução de Guerra, Nielsen e Ghisi (2017).

Em 2018, percebi que outras dúvidas dos varejistas acerca do comportamento do consumidor, antes, durante e depois das compras da BF, ainda não estavam respondidas. Ainda pairavam questões sobre as ofertas da "Black Friday Antecipada", o impacto nas compras dos presentes de Natal, os destinatários das compras e as dificuldades encontradas pelos consumidores.

Para preencher essa lacuna, durante o segundo semestre de 2018, já estudando no doutorado da USP como aluno-visitante, fui instigado, nas aulas de Comportamento do Consumidor do professor José Afonso Mazzon, a me debruçar sobre essas lacunas e elaborar um novo questionário. Foi então que, em novembro de 2018, logo após a Black Friday, eu lancei uma nova pesquisa quantitativa. Parti de uma amostra inicial de conveniência, dos meus contatos pessoais, e, desta vez com um alcance de maior número de estados em todas as regiões do país, devido aos contatos que fiz nas palestras, contando também com a colaboração dos entrevistados que indicavam outros respondentes para participar das entrevistas. Desta forma, atingiu-se, durante o período de 26 de novembro a 24 de dezembro de 2018, o número de 663 respondentes, originários de 21 estados diferentes, representando todas as regiões do Brasil. A amostra é formada, na maioria, por mulheres (52,2%), de idades entre 25 e 45 anos (67,1%), casadas (58,7%) e com filhos (54,4%). O questionário foi elaborado com perguntas de múltipla escolha e realizado on-line por meio da plataforma Google Forms.

Gráfico 8

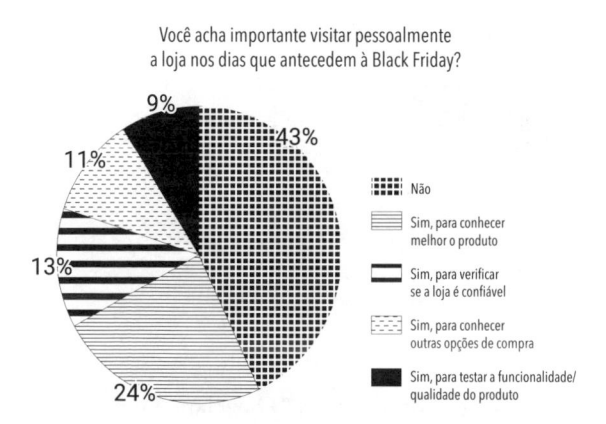

Você acha importante visitar pessoalmente a loja nos dias que antecedem à Black Friday?

- Não: 43%
- Sim, para conhecer melhor o produto: 11%
- Sim, para verificar se a loja é confiável: 13%
- Sim, para conhecer outras opções de compra: 24%
- Sim, para testar a funcionalidade/qualidade do produto: 9%

Reprodução de Guerra (2018).

No Gráfico 8, podemos ver que a menor, porém significativa parte dos consumidores (43%) declara que não acha importante visitar as lojas pessoalmente nos dias que antecedem à BF. Isso ocorre, possivelmente, devido aos recursos de pesquisa que a internet e o e-*commerce* provêm aos consumidores, somados talvez a uma falta de interesse e pouco planejamento (veja Gráfico 6). Por outro lado, o restante (57%), dividido em 4 grupos, faz questão de visitar a loja. Os motivos declarados são: conhecer melhor o produto (24%), verificar se a loja é confiável (13%), conhecer outras opções de compra (11%) ou, então, testar a funcionalidade/qualidade do produto (9%).

Sobre as compras antecipadas da Black Friday, que são uma das estratégias adotadas pelos varejistas para minimizar o impacto do represamento de vendas e a concentração de clientes em único dia, podemos ver, no Gráfico 9, como os consumidores responderam se fazem compras nesse período.

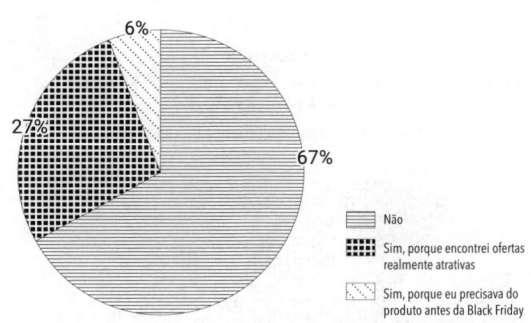

Gráfico 9
Você já comprou na Black Friday Antecipada?

- Não: 67%
- Sim, porque encontrei ofertas realmente atrativas: 27%
- Sim, porque eu precisava do produto antes da Black Friday: 6%

Reprodução de Guerra (2018).

A maioria dos respondentes (67%) declara que não faz compras na Black Friday Antecipada, o que pode ser um indicador importante para os varejistas na tomada de decisão de gastar recursos durante esse período.

Sobre os destinatários das compras da BF, os consumidores podiam assinalar até duas opções. Como já se esperava, registrou-se 81% de respostas "para uso pessoal" e em segundo lugar (29%) para uso na casa, carro ou local de trabalho, o que também evidencia o uso pessoal (Gráfico 10). Mais uma vez se comprovou, assim como na pesquisa em 2017 (veja Gráfico 7), que as pessoas compram na BF para si e não para presentear outros no Natal.

Gráfico 10

Suas compras da Black Friday são (até 2 alternativas):

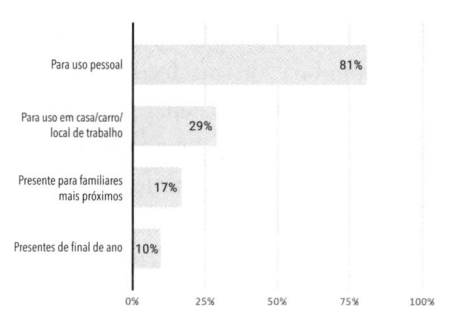

- Para uso pessoal: 81%
- Para uso em casa/carro/local de trabalho: 29%
- Presente para familiares mais próximos: 17%
- Presentes de final de ano: 10%

Reprodução de Guerra (2018).

Em seguida, perguntou-se sobre as maiores dificuldades encontradas pelos consumidores para realizar as suas compras durante a BF, podendo ser assinaladas até duas alternativas ao mesmo tempo (Gráfico 11).

Gráfico 11

Maiores dificuldades para fazer compras na Black Friday (até 2 alternativas):

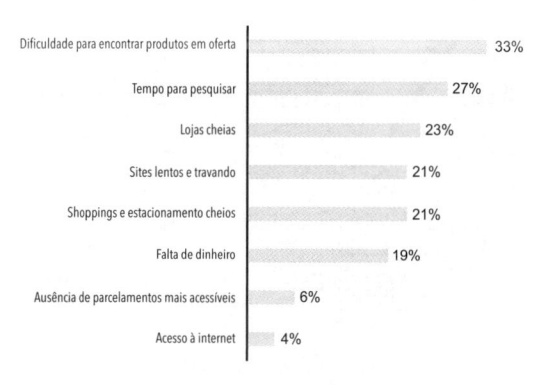

- Dificuldade para encontrar produtos em oferta: 33%
- Tempo para pesquisar: 27%
- Lojas cheias: 23%
- Sites lentos e travando: 21%
- Shoppings e estacionamento cheios: 21%
- Falta de dinheiro: 19%
- Ausência de parcelamentos mais acessíveis: 6%
- Acesso à internet: 4%

Reprodução de Guerra (2018).

A maior dificuldade levantada pelos consumidores (33%) foi encontrar os produtos em oferta, o que sinaliza que o varejista deve ter muita atenção ao evidenciar e comunicar os produtos em promoção, assim como deixar a loja organizada, enquanto no *e-commerce* ele deve facilitar a navegação nos sites e apresentar um processo de busca fácil e claro. O segundo ponto mais sinalizado (27%) foi o tempo para pesquisar, ou seja, o lojista que conseguir a atenção do cliente primeiro, com boas ofertas, facilidade de comprar e com o menor atrito "ganha o tempo" do cliente. Questões como shoppings e lojas cheias, falta de vagas no estacionamento, e sites com navegação lenta e travada completam a lista, praticamente empatadas como o terceiro motivo de dificuldade de compra dos clientes.

Em relação às compras de Natal, conforme nossa pesquisa de 2017 apontava (Gráfico 7), poucos consumidores declaravam comprar os presentes durante a BF. Perguntamos, então, em qual período as compras eram realizadas e constatamos que a grande maioria faz as compras em dezembro (68%) e uma parcela significativa (14%) foi mais específica em dizer que deixa as suas compras para os últimos 5 dias, de 20 a 24 de dezembro (Gráfico 12).

Gráfico 12

Quando você compra os presentes de Natal?

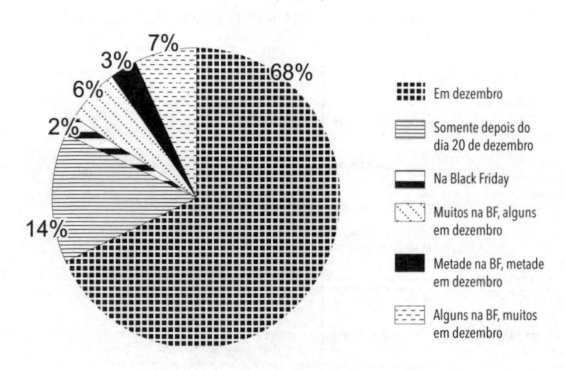

- Em dezembro: 68%
- Somente depois do dia 20 de dezembro: 14%
- Na Black Friday: 2%
- Muitos na BF, alguns em dezembro: 6%
- Metade na BF, metade em dezembro: 3%
- Alguns na BF, muitos em dezembro: 7%

Reprodução de Guerra (2018).

18. O QUE EU VI COMO PESQUISADOR E VAREJISTA DAS ÚLTIMAS TRÊS EDIÇÕES DA BLACK FRIDAY[10]

Ao longo das edições da BF de 2016, 2017 e 2018, por meio de artigos escritos na minha página do LinkedIn, registrei algumas observações sobre o que constatei, estando em atuação no varejo, conversando com colegas do ramo e de shoppings centers e também visitando alguns shoppings na região de Campinas e na cidade de São Paulo. Com o olhar de pesquisador e experiente varejista, gostaria de dividi-las com os leitores e incentivar a sua reflexão.

No ano de 2016, a Black Friday mostrou que a maioria dos varejistas, finalmente, passou a entender a importância da preparação e do planejamento para uma ação de altíssimo volume e aplicou efetivamente na maioria dos casos os descontos de forma verdadeira e perceptível para os clientes. Os consumidores também se prepararam e pesquisaram os preços dos produtos com antecedência. Iniciou-se, então, a construção de um cenário de ganha-ganha: de um lado, está o varejista que tem a oportunidade de alavancar as vendas, atrair novos clientes e fidelizar os atuais. De outro, o consumidor, que agora pode realmente perceber alguma economia no seu bolso.

O número de reclamações de consumidores durante a Black Friday em 2016 representou apenas um terço do registrado em 2015, segundo o site Reclame Aqui (2016), o que é uma grande notícia para lojistas e consumidores.

Uma agradável surpresa, e o grande destaque dessa Black Friday, foi a adesão completa no varejo físico dos supermercados, especialmente dos maiores e lotados, e com a presença de muitos dos médios e pequenos que buscaram aproveitar a onda. Com um cenário de crise econômica, a inflação recrudescendo e as altas taxas de desemprego nesse ano, os consumidores, muitas vezes, não se importaram em esperar por horas nas filas dos caixas para comprar produtos considerados "utilitários", como cerveja, fralda, leite e produtos de limpeza. Os produtos utilitários, que em geral advêm de compras recorrentes, normalmente não necessitam de apelo emocional para gerar o desejo de compra, e, dessa forma, proporcionam uma experiência positiva para os compradores, seja pelo dinheiro poupado, seja pela sensação de fazer uma compra inteligente, principalmente em tempos de crise. Além disso, são um ótimo chamariz para trazer fluxo às lojas e contribuir para a sensação de fazer bons negócios, que é afinal o espírito da Black Friday.

Como nas edições anteriores, o *e-commerce* também teve um bom desempenho nessa Black Friday e registrou um crescimento de 17% nas vendas, de acordo com o Ebit. Nesse ano, os produtos mais comprados pela internet foram os celulares e os televisores.

Além disso, o que chamou a atenção, na Black Friday 2016, foi a ampla adesão de varejistas e prestadores de serviço de diferentes setores, principalmente os pequenos comerciantes. A lista de estreantes na Black Friday incluiu cabeleireiros, revendas de pneus, lojas de bolos caseiros, escolas, restaurantes, açougues, postos de combustível, motéis, concessionárias de carros, entre outros.

Já o ano de 2017 registrou um crescimento de vendas na Black Friday acima de dois dígitos (10,3%) no *e-commerce*, segundo dados do Ebit, e de 4,9% no varejo físico, segundo dados do Serasa Experian. Outro dado interessante dessa edição foi que quase um terço das compras on-line foi realizado com dispositivos móveis, o que mostra outra tendência importante. Foi um ano em que o setor supermercadista consolidou sua participação na ação promocional, após uma adesão em massa dos grandes em 2016. Em 2017, uma significativa parcela dos médios e pequenos varejistas e, praticamente, todos os supermercados de todos os portes quiseram abocanhar a sua parte no fluxo de clientes ávidos por boas ofertas.

Um setor que surpreendeu nesse ano foi o de saúde e beleza. Segundo o Ideia Big Data, ele ficou atrás apenas de celulares e eletrodomésticos na procura pelos clientes (*O Globo*, 2017). Entre os varejistas, o que se viu foram fortes descontos nas drogarias e nas lojas do ramo, tanto no canal físico como, principalmente, no *e-commerce*, que ferveu! Viram-se ofertas como fraldas, aparelhos de barbear, desodorantes, perfumes e até mesmo vitaminas/suplementos.

Nesses dois anos, 2016 e 2017, os produtos mais vendidos em quantidade, e que geraram mais tráfego nos *e-commerces*, nas lojas de departamentos, nos shoppings centers, nos supermercados e até mesmo nas drogarias, foram os que são considerados utilitários, ou recorrentes. Ou seja, aqueles destinados ao consumo ou ao uso próprio dos consumidores, o que reforça a ideia de que as pessoas, em ações promocionais de descontos como a BF, na sua maioria, não antecipam as compras de presentes de Natal durante a BF, mas fazem compras para elas mesmas.

Conforme já se previa, e tem se repetido nos últimos anos, muitos novos setores e pequenos varejistas aderiram à ação promocional: *sex shops*, imóveis, automóveis, gado vivo, cursos, todo o tipo de serviços (tatuagem, por exemplo) e até marcas famosas de *fast-food* brigaram pela preferência dos clientes, como no engraçado episódio da "guerra das batatas", ocorrido entre as duas principais marcas de *fast-food* do mercado brasileiro.

Outra tendência que se verificou no varejo físico, e também no on-line, foi a antecipação das ofertas para a quinta-feira. Algumas redes iniciaram às 18 h, outras, às 22 h, e houve até lojas abrindo suas portas à meia-noite. Infelizmente, as queixas por maquiagem de preços ou por ausência de descontos ainda foram vistas em número elevado, o que mostra que o varejo, de uma forma geral, ainda tem muito a aprender sobre a ação promocional. Mas também existe um descompasso das expectativas dos consumidores, que, na maioria das vezes, ficam frustrados porque acreditam que *todos* os produtos das lojas deveriam estar em promoção, o que na verdade não é a proposta original da Black Friday. A Black Friday, originalmente nos Estados Unidos, tem a concentração dos descontos em produtos de sobra de estoque, fora de linha/coleção ou de gerações/lotes mais antigos, o que também acontece aqui no Brasil.

Por sua vez, o ano de 2018 ficou marcado por ser muito difícil na geração de empregos, na economia e na política, com muitas vendas represadas no comércio durante os meses de outubro e novembro, devido às expectativas dos consumidores na ação promocional, assim como na esperança de melhoras no cenário político. Isso gerou um otimismo maior segundo o Datafolha no fim de ano (*Folha de S.Paulo*, 2018), com os shoppings centers cheios e um crescimento na Black Friday de 23%, no comércio eletrônico (Ebit, 2018). A Black Friday, mais uma vez, bateu recorde e registrou um crescimento maior que o dobro da edição anterior.

Algumas novidades marcaram essa edição, como a Virada Black Friday no bairro oriental da Liberdade, uma mistura de ação de descontos com atividades culturais e de entretenimento para os clientes. Registrou-se, também, em diversos cantos do Brasil, que os shoppings e os lojistas estavam mais bem preparados e preocupados com o bem-estar e a experiência do cliente, oferecendo espaços para descanso e massagem, assim como entretenimento e monitores para as crianças que acompanhavam os pais nas compras. Muitas empresas fizeram ações promocionais B2B, um importante campo, que cresce absurdamente e ainda tem muito a avançar, e com potencial a ser explorado nas próximas edições, assim como a venda de serviços para quem aderisse.

Outra evolução importante nessa edição foi a preocupação da estratégia *omnichannel* dos varejistas. Uma parcela significativa dos lojistas no *e-commerce* oferecia serviços de retirada em lojas ou pontos físicos de apoio, com diversas formas, ferramentas e canais de compra, que abrangiam as redes sociais, os sites de busca, as televendas, o *QR Code*, o uso de *chatbot* (assistente virtual) e os aplicativos. Pequenos varejistas se beneficiaram do *marketplace*, especialmente, daqueles grandes portais que oferecem apoio ao lojista em relação às entregas, aos recebíveis, à estrutura, à navegação, ao armazenamento e ao despacho, buscando cumprir a missão de facilitar a compra do consumidor e diminuir os atritos.

A Black Friday ganhou também o interior do Brasil: muitos shoppings centers, centros comerciais e lojas de rua em cidades do interior, segundo relatos dos nossos colegas de shoppings e das Associações Comerciais das cidades, tiveram uma preocupação com o planejamento antecipado, assim como estenderam o seu horário de funcionamento. Houve também maior adesão em relação a anos anteriores por parte dos pequenos comerciantes, que se prepararam com mais dedicação e boa dose de ofertas.

Em um ano tão difícil, com ações de promoção e de descontos praticamente todo o mês, foi um grande desafio para a maioria dos lojistas a aplicação de descontos significativos em produtos que já vinham com remarcação. Por isso, constatou-se muita reclamação de clientes que esperavam descontos mais vantajosos, registrando crescimento de 22% das queixas em relação ao ano anterior no site Reclame Aqui. Esse é um ponto que requer muita atenção, pois a cada ano as expectativas dos consumidores crescem e as empresas precisam se reinventar para não frustrá-los.

Mais uma vez, a adesão de muitas redes de lojas abrindo na quinta-feira à noite e shoppings e supermercados virando a madrugada, pelo menos até as 3 h da manhã, mostrou-se uma tendência, que vai se solidificando, para atender os consumidores mais impacientes.

Uma questão chamou a minha atenção na edição de 2018: a percepção de uma adesão muito maior de lojistas, em relação aos anos anteriores, à Black Friday Antecipada, que é a antecipação de ofertas desde o início de novembro.

Particularmente, tenho dúvidas sobre a eficácia desse tipo de ação, especialmente em excesso como se viu, podendo até ser prejudicial. Será que essas promoções antecipadas são bem vistas pelos consumidores? As pessoas realmente compram ou os lojistas só estão gastando margens de descontos que deveriam aplicar durante a Black Friday? Realmente é um ponto a se pensar.

Como serão as próximas edições da BF? Tenho grandes expectativas por mais recordes e muitas novidades! Vamos acompanhar.

19. DICAS PARA OS VAREJISTAS PREPARAREM A SUA BLACK FRIDAY

Com base nos estudos realizados desde o ano de 2015 sobre a Black Friday e na minha experiência como professor (a partir de 2014) e varejista (desde 1996), procurarei, neste capítulo, sintetizar alguns pontos-chave e dicas. Eles têm como objetivo ajudar varejistas a entender o espírito dessa ação promocional e preparar as suas empresas para buscar resultados melhores e a satisfação e a fidelização dos clientes.

A Black Friday é uma ação promocional sustentada por quatro principais pilares: descontos (reais e de preferência de 50% ou mais), sensação de escassez dos produtos, período curto e comunicação clara de vantagem. Lembram-se da fórmula?

Black Friday = desconto (de preferência 50% ou mais) + sensação de escassez + curto período (3 a 4 dias) + comunicação clara de vantagem (Ex.: DE R$ 50,00 POR R$ 25,00).

O aspecto que poucos conseguem perceber, e que pode fazer muita diferença, é o entendimento, com base nos estudos de comportamento do consumidor em ações promocionais como a BF, da sensação de prazer causada nos clientes por economizar, por poder ter acesso à compra daquele produto tão desejado. Essa sensação quebra muitas barreiras e faz com que o consumidor se permita uma autoindulgência, ou seja, presentear-se. Por isso, os varejistas não podem frustrar os seus clientes, pois o efeito contrário resultante dessa frustração pode ser devastador para a empresa, ainda mais nos dias de hoje com tantos canais de acesso na internet.

Mas não bastam esses princípios para o sucesso da ação. Como vimos em capítulos anteriores, uma boa dose de preparação e de planejamento, com alguma antecedência, contribui muito. Com base na minha experiência e nos meus estudos, sugiro abaixo, de forma cronológica, algumas ações que considero cruciais. São atitudes que os varejistas, independentemente de seu porte, devem tomar antes, durante e depois da realização da Black Friday.

120 a 60 dias antes

- Fazer a previsão de vendas (volume de peças e faturamento) com base no histórico dos anos anteriores; considerar as variáveis e as tendências do contexto atual; se possível, utilizar pesquisas de mercado ou dados do setor.
- Elaborar o planejamento de compras; criar um comitê das áreas--chave da empresa (logística, marketing, operações, compras, financeiro) e trabalhar de forma colaborativa com a indústria.
- Discutir a precificação/definição de portfólio de ofertas/percentual de descontos por categoria e tipo de produto.
- Definir *merchandising* e exposição de produtos em loja.

60 a 45 dias antes

- Olhar os produtos mais vendidos do ano anterior.
- Estudar bem as suas categorias; considerar que produtos utilitários e de uso próprio e contínuo são comprados primeiro, enquanto presentes (brinquedos, livros, *gifts*) e produtos de jornada longa (colchões, móveis, autos) vêm depois.
- Criar *wishlists*, a lista do gênio da lâmpada (Quais são os três desejos do seu cliente?); para saber o que o seu consumidor quer comprar na BF, pergunte a ele com essa antecedência.
- Produtos-iscas; "bois de piranha" atraem o consumidor para a loja; sua loja precisa ter alguma variedade e uma boa quantidade para cumprir esse papel; defina a maioria dos produtos com essa característica com antecedência para a indústria atender de

acordo com seu tamanho e poder negociar bons preços e prazos de pagamento.
- Dar benefícios e informações antecipadas para clientes apaixonados e fidelizados.
- Ofertas de serviços: esse será o grande diferencial de fidelização, recorrência e, principalmente, margem; pense no que você pode oferecer ou com quem você pode fazer parceria para gerar um fluxo contínuo durante os meses seguintes. Ex.: Se você cobra por um serviço, que é recorrente, o valor de R$ 50,00, pense em um plano de 10 serviços válidos por 12 meses que vai custar R$ 300,00. O consumidor antecipa a sua compra, torna-se fiel, desfruta dos serviços em outras nove visitas com a sensação de não estar gastando e fica livre para fazer outras compras complementares em cada uma das visitas.
- Olhando o serviço pelo prisma de atendimento ao cliente, pense no que sua empresa pode se diferenciar em relação aos concorrentes. Por exemplo: questões que, às vezes, passam despercebidas, mas que podem afastar ou atrair os clientes, como estacionamento, opções de pagamento, navegação no site ou trânsito interno na loja, disponibilidade de informações, retirada do produto rápida e fácil, opções de entrega, filas para pagar.
- O faturamento do Natal, somado ao da BF, cresceu no *e-commerce* nos últimos anos. No varejo físico, isso também ocorreu; então, leve muito a sério e faça o seu melhor com esse mínimo de antecedência. Afinal, como já repetimos, muitas vezes, essa é a principal ação comercial do ano atualmente e a única com potencial de crescimento ainda acima de dois dígitos, o que nenhuma outra ação no ano poderá lhe entregar, mesmo com uma rentabilidade melhor do que a BF.

10 dias antes

- A maior parte das pesquisas de preço dos consumidores ocorre nos últimos 10 dias que antecedem a sexta; trate bem o seu cliente e faça-o ir à sua loja.

- Estima-se que dois terços dos clientes compram nas mesmas lojas que compraram em anos anteriores.
- Compartilhe a estratégia e treine bem seu time.
- Faça parcerias com outros lojistas/parceiros do shopping ou das lojas vizinhas de rua (ex.: táxis, estacionamentos, restaurantes, cinemas, cabeleireiros, serviços em geral).

Na semana da BF

- Tenha descontos e formas de pagamento diferentes. Ex.: produto R$ 600,00 parcelado em 3×, ou R$ 540,00 à vista. Muitos consumidores têm condições de pagar à vista e prezam por descontos extras.
- Tenha um espaço destinado a descanso de acompanhantes e crianças dentro na loja ou no corredor do shopping.
- Tente usar a estratégia de gamificação, ou seja, crie uma atmosfera de "competição" onde o cliente é o vencedor.
- Oportunidade de antecipação de ofertas na quinta à noite.

No dia da BF

- Tenha os produtos de tíquete baixo com margem cheia no *check-out*.
- Prepare sua loja com o maior rigor possível; esta é a maior data do varejo.
- Verifique se aqueles produtos anunciados e os produtos-iscas estão bem sinalizados, com fácil localização e pujança de estoque.
- Confira se a comunicação está atrativa, de fácil entendimento e se há percepção de uma atmosfera de liquidação/promoção.
- Se sua loja costuma ter muitas filas, deixe (ou contrate) uma pessoa para servir café, água, bombons, ou petiscos para criar uma sensação amistosa, evitando irritação e amenizando a percepção de tempo perdido.
- Faça uma última reunião com o seu time, alinhe as estratégias, crie propósito, engaje, coloque toda energia e muita informação para

todos os membros, desde os temporários, os caixas, os vendedores até os gestores. Todos precisam estar no mesmo tom.

Pós-Black Friday

- É neste período que os varejistas precisam se organizar para atrair clientes, o que pode ser feito com aumento de prazos nas compras de dezembro, ou com outras formas de indução. Muitos lojistas optam por oferecer na BF brindes ou descontos para compras em outras lojas (utilizando-se de parcerias) ou entregam *vouchers* de desconto com validade para as duas primeiras semanas de dezembro, gerando assim fluxo nesse período tão afetado pela BF.
- Aproveite o fluxo pós-Black Friday gerado pelas trocas ou para retirada em loja de produtos das compras on-line.
- Ofereça recompensas pós-BF (brindes, ingressos, espetáculos, lançamentos).
- Faça uma reunião de *feedback* e resultados com o seu time, se possível na segunda-feira ou, no máximo, na terça-feira após a BF. Registre o que deu certo, o que precisa melhorar, os problemas mais graves; o primeiro ponto da pauta dessa reunião deve ser solucionar as eventuais pendências ou problemas com os clientes não resolvidas até aquele momento.

Cereja do bolo

- Ofertas de serviços — esse pode ser o grande diferencial (financeiros, seguros, entregas, customização). O serviço rentabiliza a venda, pode gerar recorrência de visita e fidelização e surpreender o cliente. Afinal, as pessoas estão focadas em encontrar os seus produtos dos sonhos, e ter/adquirir um excelente serviço poderá ser o ponto que vai marcar positivamente o seu cliente, então, capriche na execução!
- O prazer de economizar proporcionado pela BF pode ser uma boa abertura para vendas adicionais e para novos clientes que nunca pisaram na sua loja, mas sempre tiveram vontade. A BF

é democrática, ela permite acesso a produtos e serviços que as pessoas, muitas vezes, não têm coragem de comprar.
- Aproveite o fluxo pós-Black Friday, seja para trocas, seja para retirada em loja de produtos comprados on-line. Ofereça os produtos complementares (suporte, cinto, caixa de presente, capas, batom etc.). Nesse momento, o consumidor poderá estar mais aberto a novos gastos, porque já "resolveu" o problema dele e agora quer curtir a sua aquisição.
- Ter/sugerir produtos que possam complementar/adicionar valor à compra na visita do cliente pós-BF (o vendedor oferece, ou o cliente encontra no percurso de compra/pagamento).

GERANDO VENDAS, BOA IMAGEM E LUCROS ADICIONAIS

Estudos nos Estados Unidos mostram que:

- as pessoas que gastavam seu tempo e esforços em planejar as compras na BF estavam mais propensas a tirar proveito dos descontos, de forma impulsiva, gerada pelo prazer de comprar e de economizar, resultando em compras que não estavam planejadas;
- os consumidores preferem situações de compra que requerem pouco ou nenhum esforço; dessa forma, promoções apresentadas com rebaixa, percentualmente, são as preferidas, especialmente com descontos superiores a 50%. Acelerando-se a decisão de compra, busque ter certa variedade de produtos atrativos e em boa quantidade para não frustrar os seus clientes e rotularem sua ação como "Black Fraude";
- a política de limitação do tempo em promoções incentiva a experimentação pelo consumidor. Não caia na tentação de estender até a semana seguinte os mesmos preços dos três ou quatro dias de ação, mesmo que a sobra de estoque seja muito grande; deixe para fazer isso em outra ação promocional, como as ações de saldão depois do Natal ou em janeiro;

- lembre-se dos pacotes de serviços vendidos e recebidos antecipadamente. O consumidor, ao desfrutar do serviço ao longo dos meses subsequentes, terá a sensação de receber o serviço "de graça", pois não tem desembolso. Essa é uma oportunidade de gerar vendas adicionais em cada visita, mas, cuidado, tenha agenda e trate bem esse cliente no dia de sua visita; recorde-se que pode não entrar dinheiro no seu caixa, mas o serviço precisa ser muito bem-feito, não tenha má vontade com o cliente que o prestigiou antecipadamente. O seu time precisa entender muito bem isso para não tornar a experiência desagradável. Em cada visita deve ser reforçado que o cliente fez um ótimo negócio de antecipar sua compra ao escolher a sua empresa.

20. O QUE SE PODE ESPERAR DAS PRÓXIMAS EDIÇÕES DA BLACK FRIDAY

Gostaria de encerrar o livro com alguns pontos que acredito que acontecerão nas próximas edições da Black Friday.

Em primeiro lugar, existe uma tendência, que considero irreversível, de que quase todas as lojas físicas, shoppings centers e *e-commerce*s iniciem suas ofertas já na quinta-feira, antecipando em um dia a data oficial, o que já ocorre em muitas lojas nos Estados Unidos. Isso devido à ansiedade dos clientes em comprar e dos lojistas em vender, uma vez que as receitas ficam represadas nos dias que antecedem à BF. O Ebit, em 2017, já começou a medir o faturamento da BF a partir das 22 h da quinta-feira, porque praticamente todos os *e-commerce*s iniciaram suas ofertas na quinta-feira à noite.

A minha aposta é que muitas lojas vão "abrir" suas ofertas a partir das 18 h da quinta-feira, mas não se assuste se algumas lojas do varejo físico, às 10 h, já estiverem com as ofertas. No comércio on-line acho mais difícil que os varejistas, pelo menos entre os grandes, "furem" e que alguém comece a vender antes. Até porque os grandes *e-commerces*, *marketplaces* e empresas de tecnologia e marketing digital, que dão suporte à BF, fazem escalas de plantão das suas equipes para trabalhar a madrugada toda, e os dias que antecedem são essenciais nos detalhes finais da "operação de guerra" montada pelas empresas. Porém, não duvido que alguns que tiverem mais estrutura e planejamento se arrisquem e abram as ofertas na quinta de manhã.

Nesse caso, existe um dilema para os varejistas: se a empresa abrir a ação muito antes dos seus concorrentes, poderá captar maior volume de clientes, porém estará mais vulnerável ao combate às suas ofertas e às eventuais inovações ou diferenciais que a sua equipe desenvolveu. Esse é um *trade-off* a ser avaliado. Vale ressaltar que, historicamente, e por motivos óbvios, a sexta-feira é o melhor dia de vendas para quem antecipou a ação, se comparada ao sábado, ao domingo e à quinta-feira.

Outro ponto diz respeito à integração dos canais e à experiência *omnichannel*, uma realidade irreversível também no varejo, e que tem evoluído muito no Brasil nos últimos dois anos. Essa mudança também será muito vista na BF. Aliás, já tivemos bons exemplos de varejistas que conseguiram dar um passo relevante nesse sentido. Como exemplos, temos a incorporação das entregas de seus lojistas de *marketplace*, as retiradas em pontos de vendas físicos e *on-line*, o rastreamento eficiente das entregas, o uso do *chatbot* e da inteligência artificial para atendimento ao cliente e acompanhamento de pedidos, e a solução de problemas.

Reproduzo aqui a definição científica de *omnichannel* elaborada pelos meus queridos amigos professores Pastore e João (2017): "*omnichannel* é uma estratégia centrada na experiência de compra do consumidor, construída para ele; portanto, o valor percebido por ele reside em perceber um ganho na experiência de compra em relação àquelas apoiadas apenas em lojas físicas ou no varejo *on-line*". Em outras palavras: o consumidor com comportamento *omnichannel* não faz distinção de que forma ou por qual canal (lojas físicas, on-line, *marketplace*s, redes sociais, por meio de influenciadores, blogs, WhatsApp, *apps*, site do banco ou *fintechs*, feiras, exposições, marketing de rede, venda pessoal) ele está comprando, resolvendo algum problema ou tirando uma dúvida.

Para ele, a compra é um pensamento unificado em relação à marca, enxerga o varejista como uma coisa única, com expectativas de compra rápida, fácil, com o máximo de informações que desejar, com o menor atrito possível para encontrar, escolher, pagar e ter uma entrega/retirada rápida ou imediata, um pós-venda satisfatório e, por fim, fazer sua avaliação, publicar e apreciar a sua aquisição.

Possivelmente, quem estiver avançando nesse quesito vai se destacar e entregar um serviço melhor ou mais diferenciado, captar mais clientes, aumentar o seu tíquete médio e construir alicerces sólidos para manter o relacionamento e a fidelização para futuras compras durante o resto do ano.

Uma grande oportunidade que vejo para as próximas edições da BF, e que já mencionei um pouco aqui, diz respeito ao serviço. O serviço nos dois sentidos: a venda de serviços e a prestação de serviços.

Em relação à venda de serviços, acredito que será o segmento com maior crescimento. Isso porque, em primeiro lugar, a margem (igual ao lucro) de um serviço é muito maior que a de um produto, o que permite um percentual de desconto mais atrativo e chamativo para o cliente. Lembre-se que autores como Hardesty e Bearden (2003), que estudaram os efeitos dos descontos em promoções de vendas, afirmam que 50% de desconto ou mais tem maior efetividade na decisão de compra. Nem sempre existem condições financeiras de se aplicar 50% em um produto; já no serviço isso é muito mais factível.

Outro ponto é que as pessoas geralmente não declaram a intenção de compra de serviços (observe o Quadro 9), porque, em uma ação promocional ainda não muito amadurecida, elas estão aprendendo a comprar, e os itens mais *hard*, como eletrodomésticos e eletrônicos, e os mais recorrentes, como vestuário e produtos utilitários, são mais tangíveis. Porém, o consumidor, ao se deparar com um serviço dos "sonhos" de tíquete médio mais alto, como um tratamento estético ou de saúde, um pacote de viagem, um intercâmbio internacional, entre outros, que esteja com um desconto que lhe permita "acessá-lo", tende a procurá-lo. Esses serviços, antes um pouco distantes da sua realidade, são compras não planejadas que se concretizam e que ocorrem devido às características hedônicas e autoindulgentes: "eu posso, eu mereço" que permeiam a mente dos consumidores.

A Black Friday é democrática, permite e encoraja os consumidores a experimentar produtos e serviços inéditos para eles. Esse acesso a novos serviços amplia a carteira e cria a oportunidade de o prestador ensinar o consumidor a usar o seu serviço. Isso pode gerar a recorrência e a ampliação do uso de seu portfólio de serviços.

Em relação à prestação de serviço, os consumidores estão comparando, a todo momento, os diferenciais oferecidos a eles. Por exemplo: o estacionamento estava cheio? Foi gratuito ou teve desconto?

Tem lugar para que eu e meu acompanhante nos sentemos para descansar? Tenho opções de pagamento? A loja estava cheia? Fui bem atendido? Naveguei ou transitei facilmente pela loja? As informações que eu precisava estavam disponíveis? Encontrei outros produtos que não esperava e fiz a compra? Os descontos estavam adequados? Fui surpreendido positivamente com alguma coisa? Conheci novos produtos? Aprendi coisas novas? Recebi ou retirei meu produto de maneira rápida e fácil? As opções de entrega ou as retiradas eram satisfatórias?

Por isso, é muito importante que os varejistas não se preocupem somente com o produto e o desconto, que são o básico da BF: é preciso dar atenção também ao serviço agregado que se entrega, porque em um mercado tão competitivo de preço, ele poderá fazer a diferença na escolha de seu cliente por sua loja. Ah, e o pensamento *omnichannel*, ok? Não deve fazer diferença para o lojista qual o canal ou departamento que o cliente comprou na sua empresa, o que importa é que ele escolheu a sua marca, porque os seus atributos foram convincentes. Não estrague a decisão do cliente disputando-o internamente. Ele enxerga o varejista como uma única coisa. Não dificulte as coisas.

Em 2017, ao escrever um artigo para o portal *E-Commerce Brasil*, quando estava em pauta a mudança da data da Black Friday no Brasil para setembro (da qual não sou a favor), eu apresentei três propostas que imagino que poderiam se concretizar no futuro. Mas, antes de falar sobre essas propostas, vou argumentar por que sou contra a mudança da data da BF.

Todas as informações que estão neste livro bastam para fortalecer os meus argumentos, mas vou resumi-los em três principais:

   a. A Black Friday, no mundo inteiro, acontece em novembro, então, fazer em setembro não faz sentido nenhum. Se for para ter uma ação promocional forte em setembro, que seja com outro nome, ou então — e aqui apresento como sugestão — que se fortaleça a ação do Dia do Cliente, em 15 de setembro, ou a semana do Brasil, como tem se veiculado em 2019.

b. Mudar a data da BF só vai bagunçar a cabeça do cliente e causar mais desconfiança ainda, minando a sua credibilidade.
c. O grande motivador que causou essa discussão foi que as vendas da BF "atrapalhariam" as vendas do Natal.

Acho legítima a busca por soluções, mas considero que consegui demonstrar, ao longo deste livro, que é possível realizar uma BF benéfica para os lojistas e os consumidores.

Primeiramente, é preciso relembrar, de forma sintetizada, que a maioria das compras feitas pelos consumidores na BF não se refere a presentes de Natal. De modo geral, são presentes para si próprios, ou seja, o apelo não é presentear, mas, sim, "autopremiar-se".

Em segundo lugar, é possível, com planejamento, preparação, e levando a sério a ação que mais cresce no varejo (sendo que nenhuma outra ação tradicional tem ultrapassado 4% de crescimento nos últimos anos), montar uma ação promocional com base em descontos reais que traga lucratividade por meio de escala/volume e que permita ganhar novos clientes, dando a oportunidade de gerar recorrência e fidelidade em médio prazo.

E, por último e muito significativo, tem-se um potencial de mais de um terço dos consumidores brasileiros que ainda não compraram na BF, mas uma boa parte está propensa a comprar nas próximas edições.

Volto, agora, às três propostas que acredito que podem se tornar realidade ao longo dos próximos anos.

A primeira diz respeito ao pagamento da primeira parcela do 13º salário dos trabalhadores. Conforme já foi abordado, a data da BF tem proximidade com o pagamento da primeira parcela do 13º salário e, em determinados anos, há coincidência das datas. Essa injeção de dinheiro é um importante componente para as compras dos consumidores. O que aconteceria se as empresas privadas e públicas programassem o seu caixa, anualmente, para que todos os anos o pagamento da primeira parcela do 13º salário coincidisse com a BF? Se ao menos as empresas varejistas, as maiores beneficiadas com a BF, adotassem essa medida a partir deste ou do próximo ano, já teríamos uma parcela significativa dos trabalhadores com maior poder de compra. Isso serviria de exemplo para que ao menos as empresas da cadeia do varejo seguissem a prática.

Uma segunda proposta, que considero bastante factível, dado o aumento da concorrência no setor com a entrada de *fintechs* e novos *players*, seria uma redução nas taxas cobradas pelas administradoras de cartões de crédito e de débito. Esse desconto poderia incentivar os pequenos comerciantes e outros segmentos mais resistentes a aderir à BF, sem contar que poderia gerar mais rentabilidade e algum repasse para os clientes.

A terceira proposta, eu confesso, é bem mais utópica: e se os governos aderissem à BF? Imagine só desconto de 50%, 70% ou 80% no ICMS, no PIS, nos COFINS durante a BF! Aí eu garanto que teríamos uma BF de descontos arrasadores... porque, como sabemos, os impostos representam uma significativa parte do preço de um produto. Mas isso é pouco provável, por isso é melhor manter o foco naquilo que podemos mudar ou melhorar.

Bem, que venham as próximas edições da Black Friday! E que sejam um grande sucesso!

BIBLIOGRAFIA

AAKER, D. *Administração estratégica de mercado*. 9. ed. Porto Alegre: Bookman, 2012.

_____. *Marcas: Brand Equity* gerenciando o valor da marca. Rio de Janeiro: Campus, 1998.

AGGARWAL, P.; SUNG, Y. J.; HUH, J. H. "Scarcity Messages". *Journal of Advertising*, 40(3), 2011, pp. 19-30.

ANDRADE, R. O. B. de; AMBIONI, N. *Estratégias de Gestão:* Processos e funções do administrador. Rio de Janeiro: Elsevier, 2010.

APFELBAUN, M. L. "Philadelphia's Black Friday". *Journal American Philatelist*, v. 69, n. 4, 1966, p. 239.

AYDINLI, A.; BERTINI, M.; LAMBRECHT, A. "Price Promotion for Emotional Impact". *Journal of Marketing*, v. 78, issue 4, 2014, pp. 80-96. 17 p.

BALASESCU, S. "Contributions to the Foundation of the Marketing Mix for Retail Companies". *Bulletin of the Transilvania University of Braşov*. Series V: Economic Sciences. v. 7(56), n. 1, 2014.

BARDIN, Laurence. *Análise de conteúdo*. Lisboa: Edições 70, 1977.

BARKOW, J. H.; COSMIDES, L.; TOOBY, J. *The Adapted Mind*: Evolutionary Psychology and the Generation of Culture. New York: Oxford University Press, 1992.

BARRETT, J. "This Friday was Black with Traffic". *Philadelfia Inquirer*, 1994. Disponível em: http://articles.philly.com/1994-11-25/news/25869629_1_traffic-cop-block-traffic-traffic-policeman. Acesso em: jul. 2019.

BERNARDO, H. P.; DIAS, S. W.; LEPSCH, S. L. Oportunismo e persuasão na Black Friday. In: ANGELO, C. F.; SILVEIRA, J. A. G.; FOUTO, N. M. M. D. (Org.). *Varejo competitivo*. São Paulo: Saint Paul, v. 20, 2016, pp. 47-64.

BLESSA, R. *Merchandising no ponto de venda*. 4. ed. São Paulo: Atlas, 2006.

BMF&BOVESPA. Disponível em: http://www.b3.com.br/pt_br/. Acesso em: jul. 2019.

BRABO, F.; PASTANA, B.; MESQUITA, M.; FERREIRA JR., S.; CRISTO, A. *Black Friday*: um estudo reflexivo sobre a midiatização e processos culturais em um evento do consumo. In: XIII Congresso de Ciências da Comunicação na Região Norte. Belém. Intercom — Sociedade Brasileira de Estudos Interdisciplinares da Comunicação, 2014.

BROWN, S. J.; WARNER, J. B. "Measuring Security Price Performance". *Journal of Financial Economics*, Amsterdam: North Holland, v. 8, n. 3, sept. 1980, pp. 205-58.

BRUYNE, P.; HERMAN, J.; SCHOUTHEETE, M. *Dinâmica da pesquisa em ciências sociais*. 5. ed. Rio de Janeiro: F. Alves, 1991, 252p.

BRYMAN, A. *Research Methods and Organization Studies*. New York: Routledge, 1989.

CAMARGOS, M. A.; BARBOSA, F. V. "Estudos de eventos: teoria e operacionalização". *Caderno de Pesquisas em Administração*, São Paulo, v. 10, n. 3, julho/setembro, 2003, p. 1-20.

CAMPBELL, J. Y.; LO, A. W.; MACKINLAY, A. C. *The Econometrics of Financial Markets*. 2. ed. New Jersey: Princeton University Press, 1997, 611p.

CHANDON, P.; WANSINK, B.; LAURENT, G. "A Benefit Congruency Frame Work of Sales Promotion Effectiveness". *Journal of Marketing*, v. 64, 2000, pp. 65-81.

CHURCHILL, G. A.; PETER, J. P. *Marketing*: criando valor para os clientes. 3. ed. São Paulo: Saraiva, 2013.

CIALDINI, R. B. *O poder da persuasão*. 7. ed. Rio de Janeiro: Elsevier, 2006.

CRESWELL, J. W. *Projeto de pesquisa*. 3. ed. Porto Alegre: Artmed, 2010.

D'ANTONIO, M.; GERZEMA, J. "Behind Black Friday". *Journal Los Angeles Times*, 1994. Disponível em: http://articles.latimes.com/2010/nov/26/opinion/la-oe-antonio-blackfriday-20101126. Acesso em: jul. 2019.

EBIT.COM.BR. "Relatório Web Shoppers", 2017. Disponível em: www.ebit.com.br/webshoppers. Acesso em: jul. 2019.

_____. "Relatório Web Shoppers", 2018. Disponível em: www.ebit.com.br/webshoppers. Acesso em: jul. 2019.

E-COMMERCE BRASIL. "Um balanço da Black Friday 2018". Disponível em: https://www.ecommercebrasil.com.br/artigos/um-balanco-da-black-friday-2018/. Acesso em: jul. 2019.

E-COMMERCE NEWS. "Fluxo de clientes do varejo físico na Black Friday cai 13%, segundo a Seed Digital", 2016. Disponível em: https://ecommercenews.com.br/noticias/pesquisas-noticias/fluxo-de-clientes-do-varejo-fisico-na-black-friday-cai-13-segundo-a-seed-digital. Acesso em: jul. 2019.

_____. "Konduto alerta para problemas que a Black Friday pode causar para consumidores e *e-commerces*", 2014. Disponível em: http://ecommercenews.com.br/noticias/crimes-noticias-3/konduto-alerta-para-problemas-que-o-black-friday-pode-causar-para-consumidores-e-e-commerces. Acesso em: jul. 2019.

EISENHARDT, K. M. "Building Theories from Case Study Research". *Academy of Management Review*, v. 14, n. 4, 1989, pp. 532-50.

EUROMONITOR. Market Sizes/Historic/Retail Value rsp Exclude Taxes/US$ mn/Current Prices, 2018. Disponível em: http://www.portal.euromonitor.com/portal/statistics/tab. Acesso em: jul. 2019.

FAMA, E. F. "Efficient Capital Markets: A Review of Theory and Empirical Work". *The Journal of Finance*, 1970.

FAMA, E. F. et al. The Adjustment of Stock Prices to New Information. *International Economic Review*, v. 10, 1969, pp. 1-21.

FERRACCIÙ, J. de S. S. *Promoção de vendas*: 40 anos de teoria e prática promovendo e vendendo. São Paulo: Makron Books, 1997.

FOGEL, S. O.; THORNTON, C. G. What a Hassle! Consumer Perceptions of Costs Associated with Sales Promotions. *Journal of Promotion Management*, v. 14, 2008, pp. 31-44;

FOLHA DE S.PAULO. Otimismo com economia dispara, diz Datafolha, 2018. Disponível em: www1.folha.uol.com.br/mercado/2018/12/otimismo-com-economia-dispara-dizdatafolha. shtml. Acesso em: jul. 2019.

G1. "Grandes varejistas abrirão de madrugada na Black Friday". 2017. Disponível em: https://g1.globo.com/economia/noticia/grandes-varejistas-abrirao-de-madrugada-na-black-friday.ghtml. Acesso em: jul. 2019.

_____. "Maquiagem de desconto foi principal queixa na Black Friday, diz Procon-SP". 2015. Disponível em: http://g1.globo.com/economia/seu-dinheiro/noticia/2015/11/maquiagem-de-desconto-foi-principal-queixa-na-black-friday-diz-procon-sp.html. Acesso em: jul. 2019.

_____. "Vendas na Black Friday crescem 17% em 2016 e somam R$ 1,9 bi, diz Ebit", 2016. Disponível em: http://g1.globo.com/economia/noticia/2016/11/vendas-na-black-friday-crescem-17-em-2016-e-somam-r-19-bi-diz-ebit.html. Acesso em: jul. 2019.

GARNER, E. *Do Sales Promotions Really Work? Admap*, [s.l.] 2002.

GHAURI, P. N.; GRONHAUG, K. *Research Methods in Business Studies*: A Practical Guide. New York: Prentice Hall, 1995.

GIERL, H.; PLANTSCH, M.; SCHWEIDLER, J. "Scarcity Effects on Sales Volume in Retail". *The International Review of Retail, Distribution and Consumer Research*, 18(1), 2008, pp. 45-61.

GIL, A. *Como elaborar projetos de pesquisa*. 3. ed. São Paulo: Atlas, 2014.

GODOY, A. S. "Introdução à pesquisa qualitativa e suas possibilidades". *Revista de Administração de Empresas*, São Paulo, v. 35, n. 2, mar./abr. 1995, pp. 57-63.

GRAY, D. E. *Pesquisa no mundo real*. 2. ed. Porto Alegre: Penso, 2012.

GUERRA, A. A. C. *Black Friday no Brasil*: efeitos dessa ferramenta promocional no varejo e práticas adotadas pelos varejistas. São Paulo, 2016. Dissertação (Mestrado em Gestão de Negócios) — Fundação Instituto de Administração (FIA).

_____. *Black Friday e Natal*: o que pensam os consumidores brasileiros sobre as compras de final de ano. Manuscrito não publicado. São Paulo, 2018.

_____; NIELSEN, F. A. G. Black Friday como ferramenta de promoção de vendas: um estudo multicaso no varejo brasileiro. In: ANGELO, C. F.; SILVEIRA, J. A. G.; FOUTO, N. M. M. D. (Org.). *Varejo competitivo*. São Paulo: Saint Paul, v. 20, 2016, pp. 67-85.

_____; _____; GHISI, M. A. *Black Friday no Brasil*: aspectos positivos e negativos desta ação promocional para o varejo brasileiro. In: XX Seminários em Administração (Semead). São Paulo, 2017.

_____; _____; _____. *Avaliações e expectativas dos consumidores brasileiros em relação à Black Friday no Brasil*. Manuscrito não publicado. São Paulo, 2017.

_____; _____; OLIVO, R. L. A importância da Black Friday no calendário promocional do varejo brasileiro. In: VIII Congresso Latino-Americano de Varejo (CLAV), São Paulo, 2015. *Anais do VIII Congresso Latino-americano de Varejo* (CLAV): Competitividade e Inovação.

_____; _____; _____; GRANADO, S.; SILVA, M. *Análise dos efeitos da Black Friday*: um estudo de evento das empresas do varejo brasileiro na BM&FBOVESPA. Manuscrito não publicado. São Paulo, 2015

HARDESTY, D. M.; BEARDEN, W. O. Consumer Evaluations of Different Promotion Types and Price Presentations: the Moderating Role of Promotional Benefit Level. *Journal of Retailing*, v. 79, n. 1, 2003, pp. 17-25.

IBGE. *Resultados do 1º Trimestre de 2018* — Indicadores de Volume e Valores Correntes, 2018. Disponível em: https://agenciadenoticias.ibge.gov.br/agencia-sala-de-imprensa/2013-agencia-de-noticias/releases/21312-pib-cresce-0-4-no-1-tri-de-2018-frente-ao-4-tri-de-2017. Acesso em: jul. 2019.

INMAN, J. J.; PETER, A. C.; RAGHUBIR, P. "Framing the Deal: The Role of Restrictions in Accentuating Deal Value". *Journal of Consumer Research*, 24(1), 1997, pp. 68-79.

JABER, M.; GOGGINS, K. "Disguised-Monetary Discounts and Purchase Decisions: What is Petrol Worth?". *Journal of Customer Behaviour*, v. 12, n. 2-3, 2013, pp. 95-109.

JIN, B.; STERNQUIST, B.; KOH, A. "Price as Hedonic Shopping. Family and Consumer". *Sciences Research Journal*, 31(4), 2003, pp. 378-402.

JOÃO, B.; PASTORE; R. Pesquisa em varejo *omnichannel*: uma revisão sistemática e análise de conteúdo quantitativo. In: Congresso Latino-americano de Varejo (CLAV), 2017. *Anais do X Congresso Latino-americano de Varejo*: Big Data & Applied Retail Analytics, 2017, São Paulo.

JOHNSON, S. *De onde vêm as boas ideias*. Rio de Janeiro: Zahar, 2010.

KLOECKNER, G. O. Estudos de evento: a análise de um método. IN: Encontro Nacional dos Programas de Pós-graduação em Administração. *IX, Anais*... João Pessoa: Anpad, set. 1995, pp. 261-270.

KOTLER, P. *Administração de marketing*: a edição do novo milênio. 14. ed. São Paulo: Prentice-Hall, 2012.

KWON, H. J.; BRINTHAUPT, T. M. "The Motives, Characteristics and Experiences of US Black Friday Shoppers". *Journal of Global Fashion Marketing*, v. 6, n. 4, 2015, pp. 292-302.

LAS CASAS, A. *Marketing de varejo*. 5. ed. São Paulo: Atlas, 2013.

LENNON, S. J.; JOHNSON, K. K. P.; LEE, J. "A Perfect Storm for Consumer Misbehavior: Shopping on Black Friday". *Clothing & Textiles Research Journal*, v. 29, n. 2, 2011, pp. 119-34.

LEVY, M.; WEITZ, B.; GREWAL, D. *Retailing management*. 9. ed. [s. l.]: McGraw-Hill Education, 2013.

LOGAN, L. A. *An analysis of the Black Friday consumer*. Master Thesis at Eastern Illinois University, 2014. Disponível em: <http://thekeep.eiu.edu/theses/1207. Acesso em: jul. 2019.

MA, J.; ROESE, N. J. "The Maximizing Mind-Set". *Journal of Consumer Research*, v. 41, jun. 2014, pp. 71-92.

McCARTHY, E. J. *Marketing Essencial*. São Paulo: Atlas, 1997.

MACKINLAY, A. C. "Event Studies in Economics and Finance". *Journal of Economic Literature*, Vol. XXXV, March, 1997, pp. 13-39.

MATTAR, F. N. *Administração de varejo*. Rio de Janeiro: Campus, 2011.

MILAVEC, B. *An Analysis of Consumer Mis Behavior on Black Friday*. Thesis submitted to the Faculty of the University of Delaware in partial full fillment of the requirements for the degree of Bachelor of Science in Psychology with Distinction, 2012. Disponível em: http://udspace.udel.edu/bitstream/handle/19716/11551/Milavec,+Briana. pdf;jsessionid=1BCC0979441A3A3AEEEB442E4818A037?sequence=1. Acesso em: jul. 2019.

MILHASSI, F. "Empresas investem para recuperar imagem de desconto da Black Friday". *Diário do Comércio e Indústria & Serviços*. 2014. Disponível em: http://www.dci.com.br/comercio/empresas-investem-para-recuperar-imagem-de-desconto-da--black-friday-id427069.html. Acesso em: jul. 2019.

MOELLE S.; WITHKOWSKI K. "The Burdens of Ownership: Reasons for Preferring Renting". *Service Quality*, v. 20(2): 16 mar. 23, 2010.

NAGLE, T. T.; HOGAN, J. E.; ZALE, J. *The Strategy and Tactics of Pricing*. 5. ed. New Jersey: Prentice Hall, 2011.

NICHOLS, B. S. "The Development, Validation, and Implications of a Measure of Consumer Competitive Arousal (CCAr)". *Journal of Economic Psychology*, 33(1):1, 2012, pp. 92-205.

O GLOBO. "Artigos de beleza e saúde conquistam os consumidores na Black Friday", 2017. Disponível em: https://oglobo.globo.com/economia/artigos-de-beleza-saude-conquistam-os-consumidores-na-black-friday-22127236/. Acesso em: set. 2018.

PARENTE, J.; BARKI, E. *Varejo no Brasil*: gestão e estratégia. 2. ed. São Paulo: Atlas, 2014.

PEINKOFER, S. T., ESPER, T. L., HOWLETT, E. "Hurry! Sale Ends Soon: The Impact of

Limited Inventory Availability Disclosure on Consumer Responses to Online Stock Outs". *Journal of Business Logistics*, 37(3), 2016, pp. 231-46.

PEROBELLI, F. F. C.; NESS JR., W. "Reações do mercado acionário a variações inesperadas nos lucros das empresas: um estudo sobre a eficiência informacional no mercado brasileiro". In: Encontro Nacional dos Programas de Pós-graduação em Administração *XXIV, Anais...* Florianópolis: Anpad, set. 2000. 15p.

PIZZI, G., SCARPI, D. "When Out-Of-Stock Products Do Backfire: Managing Disclosure Time and Justification Wording". *Journal of Retailing*, 89(3), 2013, pp. 352-9.

PORTER, M. E. *A vantagem competitiva das nações*. Rio de Janeiro: Campus, 1989.

RAPOZA, K. "In U.S., Black Friday about Deals; in Brazil, Black Friday about Fraud". *Forbes. com*, 2013. Disponível em: www.forbes.com/sites/kenrapoza/2013/11/ 26/in-u-s-black-friday-about-deals-in-brazil-black-friday-about-fraud. Acesso em: jul. 2019.

RECLAME AQUI. Black Friday termina com quase 3 mil reclamações no Reclame AQUI, 2016. Disponível em: https://noticias.reclameaqui.com.br/noticias/black-friday-termina-com-quase-3-mil-reclamacoes-no-reclame_2565/. Acesso em: jul. 2019

SAMPIERI, R. H.; COLLADO, C. F.; COLLADO, M. L. *Metodologia de pesquisa*. 5. ed. Porto Alegre: Penso, 2013.

SERRENTINO, A. *Varejo e Brasil*: reflexões estratégicas. São Paulo: Varese, 2015.

SHAY, J. *Three Factors Influencing the Evolution of Black Friday Shopping*, 2014. Disponível em: https://nrf.com/news/three-factors-influencing-the-evolution-of-black-friday-shopping. Acesso em: set. 2017.

SHIMP, T. A. *Propaganda e promoção*: aspectos complementares da comunicação integrada de *marketing*. 5. ed. Porto Alegre: Bookman, 2002.

SIMPSON, L; TAYLOR, L; O'ROURKE, K; SHAW, K. "An Analysis of Consumer Behavior on Black Friday". *American International Journal of Contemporary Research*. v. 1, n. 1, 2011.

SOARES, R. O.; ROSTANO, L. M.; SOARES, K. T. C. Estudo de evento: o método e as formas de cálculo do retorno anormal. In: Enampad, 2002. *Anais* em: CD-ROM.

STRAUSS, A.; CORBIN, J. *Basics of Qualitative Research*: Grounded Theory Procedures and Techniques. Sage Publications, 1990.

SWILLEY, E.; GOLDSMITH, R. Black Friday and Cyber Monday: Understanding Consumer Intentions on Two Major Shopping Days. *Journal of Retailing and Consumer Services*, v. 20, n. 1, 2013, pp. 43-50.

TAYLOR-BLAKE, B. *"Black Friday" (Day After Thanksgiving)*, 2009. Disponível em: http://listserv.linguistlist.org/pipermail/ads-l/2009-August/092018.html. Acesso em: set. 2017.

THOMAS, J. B.; PETERS, C. "An Exploratory Investigation of Black Friday Consumption Rituals". *International Journal of Retail & Distribution Management*, v. 39, n. 7, 2011, pp. 522-37.

TRIVIÑOS, A. N. S. *Introdução à pesquisa em Ciências Sociais*: a pesquisa qualitativa em educação. São Paulo: Atlas, 1987.

YIN, R. K. *Estudo de caso*: Planejamento e método. Porto Alegre: Bookman, 2010.

YOO, B; DONTHU, N.; LEE, S. "An eExamination of Selected Marketing Mix Elements and Brand Equity". *Journal of the Academy of Marketing Science*; v. 28, 2000, p. 195.

ZENONE, L.; BUAIRIDE, A. Marketing *da promoção e* merchandising: conceitos e estratégias para ações bem-sucedidas. São Paulo: Thomson, 2005.

ZIMMER, B. *The origins of "Black Friday"*, 2011. Disponível em: www.visualthesaurus.com/cm/wordroutes/the-origins-of-black-friday/. Acesso em: jul. 2019.

Esta obra foi composta em Minion Pro 10,5 pt e
impressa em papel Offset 75 g/m² pela gráfica Viena.